D. Boeminghaus
Wasser im Stadtbild

Dieter Boeminghaus

Wasser im Stadtbild

Brunnen, Objekte, Anlagen

Callwey

CIP-Kurztitelaufnahme der Deutschen Bibliothek

Boeminghaus, Dieter:
Wasser im Stadtbild: Brunnen, Objekte, Anlagen /
Dieter Boeminghaus. – München: Callwey, 1980.
ISBN 3-7667-0476-1

© 1980 by Verlag Georg D. W. Callwey, München
Alle Rechte vorbehalten, auch die des auszugsweisen Abdruckes,
der photomechanischen Wiedergabe und der Übersetzung
Schutzumschlagentwurf Baur + Belli Design, München
Layout + Satzumschlag   D. Boeminghaus
Satz, Montage und Druck   Pera
Lithos   Brend'amour, München
Bindung   Grimm und Bleicher, München
Printed in Germany
ISBN 3 7667 0476 1

Inhaltsverzeichnis

Wasser im Stadtbild
Die Bedeutung des Stadtbildes für den heutigen Menschen   7
Die Bedeutung des Wassers für den Städter   8
Gestaltungselement Wasser   11
Einflußbereich des Wassers   13
Die Form der Information über Gestaltung mit Wasser   14

Trinkbrunnen und Zapfstellen   17

Rinnen und Bäche   31

Wasserobjekte   43

Kunstobjekte   59

Spielobjekte 89

Innenhöfe 99

Wasseranlagen 113

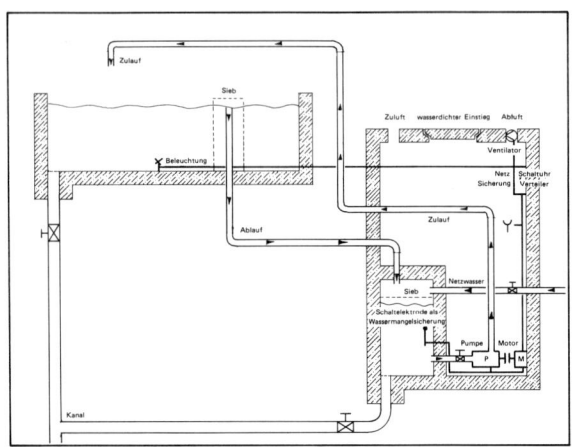

Anmerkung zur Technik von
Wasseranlagen 132

Wasser im Stadtbild

Die Bedeutung des Stadtbildes für den heutigen Menschen

Das Bild unserer Städte wird geprägt durch die Elemente der öffentlichen Bereiche, durch die Gestalt der Plätze und durch den Formenreichtum der Straßen. An diesem Eindruck sind die Farben einzelner Fassaden ebenso beteiligt, wie das Muster der Bodenbeläge oder die Auswahl von Bäumen und die Anordnung von Kunstwerken.

Zum charakteristischen Erscheinungsbild einer bestimmten Stadt wird das Angebot unterschiedlichster Elemente und Details, wenn diese in ihrem Gesamteindruck dem ortsansässigen Bürger und dem Besucher das Gefühl der Vertrautheit und Geborgenheit vermitteln, Anregungen bieten und die Möglichkeit eröffnen, in der gebauten Umwelt Lebensvorstellungen verwirklichen zu können.

Zu unterschiedlichsten Zeiten sind immer wieder neue Vorstellungen entwickelt worden, wie dieses Ziel „Stadtgestalt" erreicht werden kann. Viele Städte sind auf Grund ihres Alters durch historische Lösungen geprägt, die wir noch heute erleben. Sie bestehen neben neueren Ansätzen weiter und schließen sich mit den derzeitigen Ausdrucksformen zum aktuellen Stadtbild zusammen. In keinem anderen Lebensbereich wird der Mensch stärker mit einer historischen Formensprache konfrontiert als im Stadtbild.

Im Nebeneinander von Alt und Neu, das beides gleichermaßen in Benutzung ist, wird ein ständiger Vergleich von unterschiedlichsten Lösungen möglich, der Erfahrungen fördern und im Grunde die neue Gestaltfindung erleichtern müßte. Doch läßt die anerzogene Form der Umweltwahrnehmung nur selten zu, aus dem Alten für das Neue zu lernen. Ist an einer bestimmten Stelle der Stadt ein Gestaltungsproblem prinzipiell gelöst in der Formensprache eines vergangenen Jahrhunderts z. B., dann lassen sich daraus nur sehr schwierig Gestaltungsansätze für eine zeitgemäße Lösung ableiten. Auf der anderen Seite lehrt die persönliche Erfahrung, daß jeder Mensch – auch ohne ausreichende baugeschichtliche Vorbildung – zunächst einmal eine anregende, interessante Umwelt von einer eintönigen, langweiligen unterscheiden kann. Und er zieht die vielgestaltige, farbige, variationsreiche Umgebung der nüchteren, gestaltungsarmen vor.

Das sagt noch nichts über eine detaillierte Ausbildung von Gestaltungselementen aus, weist aber für jede Lösung im öffentlichen Bereich in eine gemeinsame Richtung.

Die Konstruktion der Wahrnehmungsorgane, ihre Leistung und ihre Ansprüche, stammen aus einer Zeit der Menschheitsgeschichte, da der homo sapiens noch gänzlich von einer natürlichen Umwelt umgeben war, sich in ihr auskannte, sie unterscheiden und sich in ihr behaupten konnte. Die Vielgestalt einer natürlichen Umwelt wurde für die Wahrnehmung des Menschen zum Maßstab und ist es bis jetzt geblieben. Wenn ein Großteil der Menschen heute in den Städten leben muß, also in einer Umwelt, die an jeder Stelle durch eigene menschliche Entscheidung gestaltet und nicht mehr natürlich ist, so bleibt Natur doch in ihren primären Gestaltungsqualitäten eine Richtschnur für den Menschen. Man kann behaupten, daß der Rahmen für die Gestaltung des Stadtbildes durch die Gestaltungsgesetze der Natur vorgezeichnet ist und jede Zeit und jede Stilrichtung immer dann ihren positiven Beitrag zu dieser Fragestellung leisten konnte, wenn sie diesen Rahmen nicht überschritt und damit dem Menschen diente, indem sie ihm über seine Wahrnehmungsorgane jene Anregung vermittelte, die er jeden Moment seines Lebens brauchte wie Essen und Trinken, um geistig und körperlich nicht zu verkümmern.

Nicht geklärt ist, wie stark die Gestalt öffentlicher Bereiche auf die Veranlagungen des Menschen einwirken kann. Zu umfangreich und verschieden ist die Palette der Verhaltensformen, die der Mensch im Laufe seiner Geschichte entwickelt hat und über die er im Umgang mit den Elementen – gebauten und natürlichen – seine erkenntnismäßigen Bedürfnisse befriedigen kann.

Man weiß nur, daß jeder Mensch als Kind eine Entwicklungsphase durchmacht, in der er über sehr wenig Verhaltensformen verfügt und in erster Linie durch das Spiel einen eher handelnden, zweckfreien Umgang mit den Dingen der näheren Umgebung, die Welt, erfährt. In dieser Zeit sollen vornehmlich die sinnlichen und kreativen Veranlagungen und Fähigkeiten des Menschen ausgebildet und gefördert werden, die ihm später bei der Lösung von Problemen in allen Lebenslagen helfen sollen. Hier wird also nicht nur die Fähigkeit zur guten Gestaltung von formbarem Material erworben, etwas, das man landläufig unter Kreativität versteht, sondern man erwirkt unbewußt auch die notwendigen Erfahrungen zur Gestaltung seines eigenen Lebens.

So können wir davon ausgehen, daß eine reizvolle Stadtgestalt nicht nur angenehm anzuschauen ist, sondern sich vornehmlich in ihrer ständigen, unbewußten Wirkung als menschlich oder unmenschlich erweist, indem sie nicht nur jede Sekunde auf den Menschen einwirkt, sondern auch auf sein weiteres Handeln noch Einfluß nimmt.

Während in früheren Zeiten Stadtbildgestaltung noch durch *eine* Hand, im Zeichen einer Haltung oder in Verabredung eines gemeinsamen Zieles, als Gesamtbild und auch als Kunstwerk entstehen konnte, bereitet es heute bereits schon Schwierigkeiten, kleine Teilbereiche des Stadtbildes, für alle einsehbar, befriedigend zu gestalten. Sowohl der wachsende Umfang der Städte, als auch die Art und Weise, in der heute über Gestaltung entschieden wird, lassen einen Vergleich kaum zu. Eine Bürgerschaft, geprägt durch das Stadtbild der letzten 30 Jahre, ohne klare Zielorientierung, mit der persönlichen Erfahrung, daß alles Neue schnell veraltet und unbrauchbar wird, soll plötzlich bei der Gestaltung wichtiger, öffentlicher Bereiche Entscheidungen fällen, die in ihrer Wichtung wenig bekannt sind und bisweilen auch für nachfolgende Generationen noch Bedeutung erlangen sollen.

Unter diesen Umständen kommt den wenigen natürlichen Gestaltungselementen, die dem Planer bei der Gestaltung öffentlicher Bereiche zur Verfügung stehen, eine ganz besondere Bedeutung zu. Neben Bäumen und Sträuchern ist es vor allem das Gestaltungselement Wasser, das aus der Palette der ursprünglich ausschließlich natürlichen Elemente sozusagen in das Stadtbild zitiert wird und einen Maßstab einführt zur allgemeinen Gestaltungsfindung, den jeder Bürger unbewußt in jedem Lebensalter auch versteht.

Die vielen Erscheinungsformen, in denen Wasser sich darstellen kann, werden in der Beschreibung auf jene beschränkt, die der Gestalter gänzlich beherrschen kann. So bleiben Städte am Wasser ausgenommen. Wasser wird hier als eines unter vielen anderen Gestaltungselementen verstanden im Rahmen einer geplanten Stadtbildgestaltung.

Die Bedeutung des Wassers für den Städter

Wasser, eine saubere Quelle, ein ertragreicher Brunnen, das waren einmal die guten Gründe und eine wesentliche Voraussetzung für eine Stadtgründung. Ohne Wasser kann auch heute eine Stadt nicht existieren. Da jeder Bürger und jedes Lebewesen auf dieses lebenswichtige Element angewiesen war, wurden schon recht früh jene Stellen besonders ausgebildet, an denen man das Wasser entnehmen konnte.

Es bildeten sich wichtige Plätze um den stadteigenen Brunnen. Das Wasserholen selbst wurde dabei zwangsläufig auch zu einem kommunikativen Ereignis. Man begegnete sich täglich bei den notwendigen Verrichtungen des Schöpfens, Tränkens und Waschens und tauschte bei dieser Gelegenheit auch Neuigkeiten aus. Erst mit einer zunehmenden technischen Entwicklung wurde die gemeinsame Wasserstelle durch die privaten Zapfstellen abgelöst.

Für eine Übergangszeit leiteten bereits die Römer diese Tendenzen ein mit dem Bau von Aquädukten und Wasserleitungen. Das Mittelalter vergaß diesen Stand der Technik oder interessierte sich nicht dafür. Auf jeden Fall gab es zu diesem Zeitpunkt keine weitere Entwicklung im heutigen Sinne. Doch wurden damals die wichtigsten Städte gegründet und die Vorstellung von dem Bild einer Stadt geprägt, zu dem auch mit seinen verschiedensten Bedeutungen der Brunnen gehörte. Heute sind Kommunen von Quellen im engeren Stadtgebiet nicht mehr abhängig. Für größere Städte wird das Wasser oft Hunderte von Kilometern herbeigeführt bis hinein in die Räume der eigenen Wohnung. Es wurde als eine soziale Leistung gefeiert, daß jeder von nun an seinen eigenen Wasseranschluß bekam. Wasser ist für alle da. Und da dieses Ziel jetzt erreicht war und jeder sein eigenes Wasser hatte, glaubte man, auf das zusätzliche, öffentliche Angebot verzichten zu können und die Brunnen und Bäche und Rinnen verschwanden.

Mit der Verlegung der Zapfstelle aus dem öffentlichen Bereich in den privaten, konnte man wohl das kostbare Naß gerechter als „Lebensmittel" verteilen, aber es scheint bei dieser Errungenschaft etwas an Wert verlorengegangen zu sein.

Was Wasser an Mehr bieten konnte neben dem lebensnotwendigen Stillen des Durstes, ließ sich nicht mit in die Wohnung verlegen. Dort wird Wasser nur entnommen, wenn es auch tatsächlich gebraucht wird. Auf diese Art des Gebrauchs sind auch die sanitären Installationen abgestimmt. Der Wasserstrahl wird nach der Benutzung gänzlich abgestellt. Draußen auf dem Stadtplatz läuft ein guter Trinkbrunnen auch dann, wenn niemand seinen Durst stillt, das Murmeln ist ständig zu hören, und man spürt die Kühle, die von ihm ausgeht im Vorbeigehen, auch wenn man anfangs nicht darauf achtet.

Dem Wasser kann man ansehen, ob es regnet oder ob die Sonne scheint, ob es windet oder friert. Es wirkt wie ein Spiegel und reagiert auf jeden noch so leichten Einfluß von außen, erhöht diesen bisweilen oder macht ihn erst bildhaft deutlich. Eine Schwüle kündigt sich auch durch völlig stille, bleischwere Oberfläche des Wassers an, über der sich auf einmal so viel mehr Insekten bewegen und Vögel fliegen.

Plötzlich einsetzender Frost läßt das Wasser zu Eis erstarren, wohl die schönste Verwandlung eines Elementes im Stadtbild neben der Blattverfärbung eines Baumes. Möchte man eine vergleichbare Wirkung und Anregung der Sinne mit künstlichen Objekten erreichen, müßte ein ungeheurer Aufwand betrieben werden und eine außerordentliche gestalterische Leistung vorgelegt werden.

Der Mensch orientiert sich nämlich am Wasser, vergewissert sich bei dem natürlichen Gestaltungselement, ob er richtig liegt mit seinen Empfindungen. Wasser und Baum sind die letzten Hinweise für ihn in der Stadt, daß auch er der Natur verpflichtet bleibt. Sie reagieren wie er und können es ihm auch zeigen durch eine besondere Ansprache an jeden seiner fünf Sinne.

Dies alles kann Wasser im öffentlichen Raum bieten, neben seiner primären Aufgabe, den Menschen mit dem notwendigen Naß zu versorgen. So gehören auch die sekundären Qualitäten des Wassers allen Bürgern einer Stadt. Man war sich nur lange Zeit ihres wahren Wertes nicht bewußt. Erst als die modernen Städte immer mehr von natürlichen Elementen entkleidet wurden und bald jede Stelle im Stadtbild aus künstlichem Material gestaltet wurde, konnte man den Mangel an Anregung plötzlich wieder deutlich spüren, begann man sich in den öden und eintönigen neuen Stadtvierteln zu langweilen und suchte nach Abhilfe. Man besann sich schließlich auf das Wasser. Und da jedermann es zu Hause in trinkbarer Form reichlich und problemlos nutzbar vorfand, glaubte man sich in der Öffentlichkeit mit dem Herausstellen der sekundären Qualitäten begnügen zu können. Fortan wurde Wasser nur gezeigt und vorgeführt, ein Schauspiel für die Augen und Ohren vielleicht. Auf die Qualität des Wassers legte man zunächst keinen Wert und erfand das Schild: „Kein Trinkwasser". Der neue Umgang mit dem Wasser spiegelt nur zu deutlich die zeitgenössische Haltung und Einstellung zur Umwelt wieder. Für jede Tätigkeit werden einige Bereiche gebildet, die nur eine oder sehr wenige Nutzungen zulassen, Haltungen und Verhaltensweisen, und dabei nur wenige Sinne ansprechen.

So wurde der Verkehr gelöst und als dieser mehr und mehr mit den Kindern kollidierte, auch für deren Spiel eigene Bereiche geschaffen. Wohnen und Arbeiten waren schon lange getrennt. Der Mensch war als Ganzes, als komplexes Wesen mit differenzierten Ansprüchen, nicht mehr gefragt. Er kann aber nicht total auf eine umfassende Ansprache verzichten. Er benötigt die Anregung aus der Umwelt wie Essen und Trinken. Nur meldet sich ein Mangel an Anregung nicht wie Durst z. B., und man stillt ihn auch auf eine ganz andere Art und Weise. Gibt man einem Menschen etwas zu trinken, herrscht vorübergehend Ruhe, bis sich nach Stunden erneut das Verlangen nach Flüssigkeit meldet. Der geistige Durst nach Anregung, Wissen, Verständigung, Information, Auseinandersetzung muß ständig gestillt werden, jede Sekunde. Der Mensch muß immerzu mit Reizen versorgt werden. Über die fünf Sinne, die nicht nur unterschiedliche Arten von Wahrnehmungen, sondern auch ganz verschiedene Mengen davon aufnehmen, geschieht dies. Läßt jener Strom einmal nach, beginnt der Mensch sich zu langweilen. Würde er ganz aussetzen – eine Situation, die man nur künstlich durch völlige Isolation in schalltoten Räumen herbeiführen kann – stirbt der Mensch schneller als bei Nahrungsentzug. Sind die ankommenden Reize zu einseitig, z. B. nur auf zwei Sinne beschränkt und von störendem Zuschnitt, reagiert der Mensch negativ, gibt sich z. B. leicht gereizt und unzufrieden, oft ohne genau zu wissen warum. Sein Aufnahmeapparat ist noch auf die natürliche alte Umwelt geeicht. Darum stellen ihn Reize von natürlicher Spannweite und Qualität auch so leicht zufrieden. Spazierengehen im Grünen, mit Vorliebe an Bächen, gehört neben den vielen Verhaltensweisen im und am Wasser zu den bevorzugtesten Freizeitbeschäftigungen. In der Stadt sind die Objekte und die Reize, die von ihnen ausgehen, weitgehend durch die Gestaltung des Menschen geprägt. Diese reichen ihm jedoch nicht aus. Er muß nämlich nicht nur ständig angeregt werden, sondern reagiert nur befriedigt, wenn ein bestimmtes Maß an Anregung erreicht ist. Seit er durch seine Stadt vor den Unbilden der Natur geschützt ist, hat er auch mehr Zeit, denn das Maß für Anregungen aus der natürlichen Umwelt war so bemessen, daß er mit seinen Sinnen sich in ihr zu orientieren vermochte, Feinde frühzeitig erkannte und sich in der Formensprache der Natur so auskannte, daß er als Art überleben konnte. So muß er sich jetzt zwangsläufig mit anderen Dingen beschäftigen. Vielleicht ist das der Motor für die ganze Zivilisationsgeschichte. Bis heute hat der Mensch zur Lösung dieses Problems viele Verhaltensformen entwickelt mit äußeren Bedingungen, die denen seiner Formensprache bei der Gestaltung von öffentlichen Bereichen dem Wesen nach sehr verwandt sind: Lesen, Arbeiten, Reisen, Fahren, Spazierengehen, Lernen, Fernsehen usw. Die vornehmlich geistigen Formen dieser Betätigungen, die auch eine kreative Veranlagung voraussetzen, werden in der Regel von außen, z. B. durch die Gestalt der Umwelt, angeregt. Über seine erworbenen, vielfältigen Verhaltensweisen steuert der Mensch dieses Angebot von unterschiedlichsten Anregungen und versucht dabei, all seinen Sinnen gleichermaßen gerecht zu werden. Natürlich sucht er vornehmlich nach Betätigungen, die ihn auf allen Kanälen als ganzheitliches Wesen ansprechen. So sorgt man aus gutem Grund für Essen und Getränke, Musik und Tanz, wenn man eine größere Gruppe von Menschen unterschiedlichster Prägung zu einem bestimmten Anlaß zusammenholen möchte. Man richtet es ein, daß der Besucher von möglichst vielen Seiten her angesprochen wird. Das gleiche wird auch von einem Stadtbild erwartet, das für alle Bürger der Stadt da ist und für dessen Gestalt sie indirekt mitsorgen müssen, durch ihre Arbeit und ihre Steuern. Für einen kleineren Ausschnitt des öffentlichen Raumes kann man sich das genauer vorstellen. Spazierengehen und Bummeln sind auch hier die beliebtesten kognitiven Verhaltensweisen. Durch Bewegung sorgt der Mensch dafür, daß er von möglichst vielen Quellen die interessantesten Reize für kurze Zeit abschöpft. Zu so einem Bummel gehört beispielsweise auch der Aufenthalt in einem Straßencafé. Durch die Einnahme eines Getränks im aktuellen Erlebnisfeld eines öffentlichen Bereichs kann man die mangelnden Anregungsbedürfnisse der Nase und des Mundes ausgleichen.

Auch hier stoßen wir wieder auf das Wasser.

Der Mensch ist erfinderisch, wenn es darum geht, Auswege oder neue Pfade zu finden für eine humane Gestaltung seines Lebens. So nimmt er das Wasser lieber als Limonade, Kaffee oder Bier verkleidet zu sich, weil es in seiner reinen Form häufig nicht mehr schmeckt. Frühere Traditionen und Reiseerfahrungen in anderen Ländern wie z. B. Griechenland sowie das Festhalten einiger süddeutscher Städte an der Forderung, daß sich Wasser eines Brunnens auch trinken läßt, beweisen, daß man dem lebenserhaltenden Naß auch eine ganz andere elementare Bedeutung im Stadtbild zuordnen kann, die langsam in das Bewußtsein der Bewohner dringt, zu einer Qualität des Wohnens wird und mit der Zeit Formen der Gewohnheit annimmt.

Gestaltungselement Wasser

Betrachtet man das Wasser als Material, das dem Planer bei der Ausstattung und Prägung des öffentlichen Raumes zur Verfügung steht und vergleicht es mit vielen anderen Gestaltungselementen, die alle als Mosaiksteinchen mithelfen, das Stadtbild zu bestimmen, dann fällt diesem Element mit seinen vielfältigen Erscheinungsformen eine Sonderrolle zu. Fließendes Wasser verlangt eine starke Integration und ruft zwangsläufig weitere Gestaltungselemente auf den Plan. Ohne Begrenzung, Rinnen und Beläge ist es nicht zu denken. Diese müssen eingepaßt und aufeinander abgestimmt sein. Wasser setzt eine eigene Technik voraus und ist ohne ständige Pflege und Sorge nicht zu verwirklichen. Wasser im Stadtbild kostet mehr als andere wertvolle Elemente und das Mehr dafür an Qualität läßt sich nur durch besonders sorgfältige Planung erreichen, mühsam erhalten und unterhalten, kaum begreifen und nur schwer vor Entscheidungsgremien durchsetzen. So ist es wichtig, sich von Anfang an über die Rolle klar zu werden, die Wasser im Kreis der Elemente spielen soll, denn es hat die unterschiedlichsten Fähigkeiten: es kann sich beispielsweise gänzlich unterordnen. Es gibt eine ganze Reihe von Gestaltungselementen, bei denen Wasser nur als eine zusätzliche Qualität auftritt, die das Objekt für den Benutzer verbindlicher erscheinen läßt, freundlicher, oft liebenswürdiger, und ihm über den Weg weiterer Wahrnehmungsmöglichkeiten (Hören, Fühlen) den Zugang erleichtert. Dies trifft insbesondere bei vielen Kunstobjekten im öffentlichen Bereich zu. Durch das Wasser kann man mit ihnen einen eher spielerischen Umgang pflegen und sich handelnd damit auseinandersetzen, noch ehe man sie als Kunstwerke verstanden hat. Diesen mit Hilfe von Wasser verständlicheren Kunstobjekten ist ein eigenes Kapitel gewidmet.

Wasser tritt am deutlichsten und eindrucksvollsten jedoch als völlig selbständiges Element auf. So kann es ein Planungsziel sein, den Formenreichtum des Wassers in seinen unterschiedlichsten Ausdrucksmöglichkeiten für alle Sinne voll zur Wirkung zu bringen. Plätschern, Rauschen, Rinnen, Tropfen, Quirlen, das sind Begriffe, die sich durch Wasser im Bild und im Geräusch ausdrücken lassen. Idealerweise gehören sie jedoch zusammen. Bei einem stürzenden, rauschenden Wasserfall erwarte ich auch ein entsprechendes Geräusch, das man trotz störender Umwelt in vergleichbarer Intensität zu dem Bild hören will. Und es sollte zumindest an vereinzelten Stellen möglich sein, diese beiden Eindrücke auch im wörtlichen Sinne zu „begreifen".

So liegt die besondere Bedeutung des Gestaltungselements Wasser auch darin, daß es über seine vorzüglichen optischen Qualitäten Aufmerksamkeit erregen kann. Das natürliche Element bewegt, verändert, spiegelt sich, zeigt sich von immer neuen Seiten. Durch diese zwingende Aufmerksamkeit und Hinwendung, der sich der Mensch nur schwer entziehen kann, im Gegensatz zu dem anderen natürlichen Gestaltungselement Baum, der kaum bewußt wahrgenommen wird, gibt Wasser dem Planer die Möglichkeit, durch gezielte Gestaltungsmaßnahmen den Bürger auf anderen Gestaltungskanälen als das Auge weiter anzusprechen. Das Angebot von optischen Reizen im Stadtbild ist groß und vielfältig. Ohr, Hand, Mund und Nase kommen selten auf ihre Kosten, registrieren vielfach nur eine störende Belastung in ihrem Sektor. Der Mensch benötigt nicht zwingend eine Stille, um sich wohlzufühlen, im Gegenteil, er bedarf einer ganzheitlichen, anregenden Ansprache aller Sinne, wie sie ihm bisweilen die Landschaft bieten kann auf einem Spaziergang.

Wasser läßt sich auch an jeder beliebigen Stelle im Stadtbild einplanen. Viel Platz ist kein zwingendes Kriterium für seinen Einsatz. Eine Zapfstelle in einer Mauernische, die Rinne neben dem Fußweg, eine Pumpe am Bordstein, kleine Trinkbrunnen bringen Wasser in die engste Gasse und auf die kleinsten Plätze und Höfe. In der Regel ist man sich nicht über die große Spannweite von Möglichkeiten bewußt, wenn sich bei der Umgestaltung von Plätzen z. B. die Frage stellt, ob hier nicht auch Wasser in irgendeiner Form angebracht sei. Meist spricht man von Brunnen, meint aber nicht die alte Form der städtischen Wasserstelle, aus der das kostbare Naß geschöpft wurde zum Trinken, Tränken und Waschen, sondern bezeichnet heute damit nahezu alle Erscheinungsformen von Gestaltung mit Wasser. Aus der Sicht der Planung ist es aber notwendig, für unterschiedliche Gestaltungsformen, die jeweils eine bestimmte Nutzung nach sich ziehen, auch eine entsprechende Bezeichnung zur Hand zu haben, um schon durch den Namen kenntlich zu machen, welches Planungsziel verfolgt werden soll oder welche Wirkung man sich von dem Objekt erhofft.

Man kann die Gestaltung im öffentlichen Bereich unterscheiden nach folgenden Kapiteln:

Trinkbrunnen und Zapfstellen

Unter diese Begriffe lassen sich alle Elemente einordnen, die sauberes Wasser spenden, das man auch trinken kann. Sie entsprechen am ehesten dem alten Begriff einer Wasserstelle oder eines Brunnens.

Rinnen und Bäche

Nachdem Wasser in dieser Form gänzlich aus unserem Stadtbild verschwunden ist, gilt es heute als etwas Besonderes, die verrohrten und verschütteten Bäche wenigstens abschnittsweise wieder in Erscheinung treten zu lassen. Alte Traditionen werden hier durch neue Gestaltungsmöglichkeiten und Nutzungsformen abgelöst.

Wasserobjekte

Unter diesem Begriff sind alle Gestaltungselemente zusammengefaßt, die ausschließlich durch das Element Wasser leben. Ist dies z. B. abgeschaltet, verliert das Objekt fast gänzlich an Bedeutung.

Kunstobjekt mit Wasser

Bei diesem Gestaltungselement tritt Wasser als eine zusätzliche Qualität auf. Es macht den Umgang mit dem Kunstwerk verbindlich und läßt es zu, daß man sich spielerisch mit dem Objekt auseinandersetzen kann.

Spielobjekte mit Wasser

Kinder sind fasziniert und spielen bevorzugt mit diesem Element oder in seiner unmittelbaren Nähe. Spielobjekte in öffentlichen Bereichen, die in irgendeiner Form Wasser einbeziehen, werden daher von Kindern gern angenommen.

Innenräume und Höfe mit Wasser

Hiermit wird eine besondere Stelle im Stadtbild herausgestellt: der Übergang von privatem zu öffentlichem Bereich.

Wasser setzt hier für die weiteren Erfahrungen mit der Stadt Maßstäbe und läßt sich in seiner ganzen Fülle wahrnehmen.

Wasseranlagen

Wenn Wasser zu einer städtebaulichen Dominanz wird und die großen Leitgedanken des Stadtbildes mittragen soll, räumt man diesem Element mehr Raum ein, es bekommt den Charakter einer Anlage, wie man von Grünanlagen spricht.

Einflußbereich des Wassers

Wird Wasser in den Kreis der Gestaltungselemente aufgenommen, die gemeinsam öffentliche Bereiche als nächst größere formale Einheit bilden, dann interessiert seine Bedeutung für den Menschen im Vergleich zu den anderen beteiligten Objekten und sein Anteil an der Wirkung des Stadtbildes.

Baum und Wasser sind sozusagen die Ahnen für eine urbane Gestaltung, die Abgeordneten aus einer anderen Zeit und einer anderen Welt, Zitate aus der Natur, die in die Formensprache der Stadtgestalt übertragen wurden.

In der künstlichen Umwelt Stadt haben sie einen Teil ihrer natürlichen Erscheinung eingebüßt und sich dem alles umfassenden Gestaltungswillen des Menschen unterordnen müssen. Sollen sie jedoch ihre Rolle als Maßstäbe für Gestaltung spielen können und Indikatoren für naturgesetzliche Zusammenhänge bleiben, denen der Mensch auch in der Stadt verpflichtet ist, dann muß dafür Sorge getragen werden, daß Elemente wie Wasser und Vegetation ihre natürliche Vielfalt und ihren gestalterischen Formenreichtum auch entfalten können. Qualität bedeutet beim Einsatz natürlicher Gestaltungselemente im Stadtgefüge, auch die ökologischen Gesichtspunkte zu beachten und ihnen Lebensraum und Freiraum zu gewähren.

Die bewußte Gestaltung mit natürlichen Elementen setzt eine Fürsorge und Vorsorge bei der Planung voraus, die gleichzeitig auch die besonderen Bedürfnisse des Menschen berücksichtigen, des Nutzers dieser Gestaltung. Mit künstlichen Materialien ist auch bei wohldurchdachter Planung öffentlicher Bereiche nur sehr schwer eine umfassende anregende Ansprache des Menschen zu erreichen, so daß bereits mit dem Einsatz natürlicher Gestaltungselemente wie Wasser und Baum im Hinblick auf die Wahrnehmungsfähigkeit des Menschen eine wünschenswerte Anregung all seiner Sinne gewährleistet werden kann, auch wenn die Gestaltlösung im einzelnen noch zu wünschen übrig läßt. Wasser wirkt wie der Baum über alle fünf Sinne auf den Menschen ein und jede dieser Wahrnehmungen bedient nicht nur ein anderes, eigenes Organ, die verschiedenartigen Reize (Aussehen, Geräusch, Gefühl, Duft, Geschmack) unterscheiden sich auch durch eine jeweils andere Reichweite der Wahrnehmung. Das freie Sichtfeld überbrückt die größte Distanz. Lange bevor man ein Objekt hören kann, läßt sich etwas über das optische Erscheinungsbild aussagen. Der Hörraum zieht um eine Wasseranlage z. B. einen schon viel engeren Radius. Der Tastraum ist dann bereits auf die Reichweite der Hand beschränkt, während das Riechen unter Umständen eine unmittelbare Nähe zum Objekt voraussetzt. Das Schmecken schließlich ist eine Wahrnehmungsform, die eine teilweise Vereinigung oder Einverleibung voraussetzt.

Diese räumlich darstellbare Annäherung bietet mit zunehmender Nähe immer mehr Möglichkeiten oder Verständigung, Annäherung und Erfahrung. Die Begegnung mit einem fremden Menschen beschränkt sich ja auch nicht allein auf den Gesichtssinn und den Austausch optischer Signale (Nicken, Lächeln), es müssen Worte gewechselt werden, um sich verständigen und verstehen zu können. Dazu ist eine größere Nähe nötig. Der Mensch hat in der Begrüßung eine Form erfunden, die der notwendigen Anregung auf allen Kanälen Rechnung trägt. Nach dem freundlichen Handzeichen von der anderen Straßenseite kommt man herüber, sagt: „Guten Tag!", wechselt ein paar Worte, die zu diesem akustischen Austausch von Reizen erfunden wurden, Berührung findet statt, indem man sich die Hand gibt. Dabei tritt man in den Dunstkreis seines Gegenübers und „kann ihn riechen". Im Kuß z. B. ist dann eine weitere Form gefunden worden (Frankreich, Rußland), auch noch den Mund und damit das fünfte Wahrnehmungsorgan mit in den Austausch von Reizen einzubinden. Das wiederum setzt größere Nähe voraus. Das Beispiel einer Begegnung zwischen zwei Menschen läßt sich auch übertragen auf die Begegnung von Mensch und Stadtbild, das man ja zu Recht auch das Gesicht einer Stadt nennt, das Charakter besitzt oder liebenswerte Züge. Auch hier werden wiederum alle Kanäle in Anspruch genommen, um sich von einem Ausschnitt eines öffentlichen Bereiches einer Stadt ein Bild zu machen und das kann für den Menschen nur befriedigend funktionieren, wenn für jeden Kanal eine Annäherungsmöglichkeit angeboten wird.

Dabei dürfen die ausgesendeten Reize eines Objektes nicht nur erfahrbar sein, sie müssen in ihrer Qualität auch anregend wirken. Erst die Summe unterschiedlicher aber interessanter Reize macht ein Objekt für das Stadtbild reizvoll. Beim Wasser bedeutet das z. B. für das Auge Lichtreflexe, abwechslungsreiches Strömen, Spritzen, Fließen, Sprudeln, Tropfen, und für das Ohr passende, melodische Geräusche dazu. Wie sehr stört ein monotones Wassertropfen aus einem undichten Hahn des Nachts und wie angenehm empfinden wir dagegen das wechselvolle Geräusch eines Baches oder die Laute des Regens. Temperatur, Sog, Strömung, Strahl bestimmen die Qualitäten der Wahrnehmung durch die Hand, Luftfeuchtigkeit und Frische z. B. erleben wir durch die Haut und die Nase. Und erst Trinkwasserqualität bietet auch die Labung über den Mund an.

Man nähert sich auf diese Weise dem Wasser schrittweise und erfährt durch immer neue Wahrnehmungen zunehmend mehr über das natürliche Gestaltungselement. Diese engere, auf den jeweiligen Standort bezogene Einflußnahme sollte sorgfältig geplant werden. Um jedes Wasserobjekt läßt sich ein Einflußbereich bilden, durch die Intensität und Qualität der verschiedenen Reize, die dieses Objekt ausstrahlt. Weithin sichtbar zu sein, setzt Größe und Höhe voraus, weithin hörbar zu sein, einen starken Geräuschpegel. Bei der schrittweisen Überlagerung der verschiedenen Wahrnehmungsangebote im Wirkungsbereich eines Objektes ist eine Zone besonders interessant. Jene Stelle nämlich, die bei der Annäherung dadurch hervorsticht, daß neben die erste Wahrnehmungsmöglichkeit eine zweite tritt. Dies ist z. B. der Punkt, an dem eine weithin sichtbare Fontäne eines Springbrunnens auch zum ersten Mal zu hören ist. Da die wenigsten Gestaltungselemente in öffentlichen Bereichen über die dort üblichen und möglichen Verhaltensweisen mit mehr als zwei Sinnen wahrzunehmen sind, wird der wichtige Raum, innerhalb dessen sich das Objekt über mindestens zwei Sinne erfassen läßt, Saumzone genannt.

Saum im Gegensatz zu Rand, weil ein Rand in der Regel eine eher linienhafte Grenzsituation bezeichnet (Waldrand), Saum dagegen eine flächenhafte, aber auch erkennbare Ausdehnung, die sich an oder um eine Grenzlinie legen kann.

Die Saumzonen eines Gestaltungsobjektes gelten als ihr unmittelbarer Einflußbereich. Wie man in den Schatten eines Baumes tritt, noch ehe man den Radius der Krone erreicht und lange bevor man den Stamm berühren kann, sollte Wasser so weit zu hören sein, wie man wünscht, daß es wirken soll.

Der Mensch bevorzugt diese Saumzonen und er sucht sie unbewußt immer wieder auf. In der Landschaft bewegt er sich gern am Waldrand, so nah, daß er den Wald mindestens noch hören kann oder den Schatten spürt oder den Duft der Blätter wahrnimmt. Er lagert gern in der Nähe von Bäumen und wenn möglich gleichzeitig in der Nähe des Wassers, am Ufer eines Baches oder Sees. Das bedeutet doch, Überschneidungen von interessanten Saumzonen werden mit besonderer Vorliebe aufgesucht. Diese Bereiche bevorzugt der Mensch auch in der Stadt, besonders an Stellen, die ihn zum Verweilen einladen sollen. Das zwingt den Planer, bei der Gestaltung mit Wasser mit der gleichen Intensität sich auch mit den anderen Gestaltungselementen auseinander zu setzen. Auch wenn diese ihm weniger Spielraum für die freie Gestaltung bieten und er sich von ihrer Wirkung weniger verspricht, können sie doch als ergänzender Baustein für das wichtige und überaus wirksame Element Wasser eingesetzt werden.

Die Form der Information über Gestaltung mit Wasser

Jedes Medium wendet sich als Informationsträger an eine bestimmte, ausgewählte Gruppe von Mitmenschen, um diese in angemessener Form über ein Thema anzusprechen. Das Buch hat hier gegenüber dem Fernsehen den Vorteil der individuelleren Benutzung.

Besonders Fachbücher mit Abbildungen und in sich geschlossenen Kapiteln, die alle einem für den Leser nachvollziehbaren Ordnungsprinzip unterliegen, lassen sich in den unterschiedlichsten Lebenssituationen gebrauchen. Sie sind in ihrer Nutzung weder an feste Zeiten noch an Orte gebunden. Man kann sich fast überall und jederzeit mit ihnen auseinandersetzen. Nur die Gewohnheit engt die Möglichkeit eines umfassenden Gebrauchs ein. Das Lesen wird weitgehend als eine Freizeitbeschäftigung angesehen, als eine zweckfreie Tätigkeit, die man nur dann gern vollzieht, wenn freie Zeit dazu vorhanden ist, nach Feierabend vornehmlich und an den Wochenenden, also eigentlich außerhalb der Arbeitszeit. Damit tritt Lesen aber wieder in unmittelbare Konkurrenz zu Medien wie das Fernsehen, die vielfach kurzweiliger sind, weniger Konzentration und Ruhe benötigen, aber auch Zeit kosten. Zum anderen unterstützt die Buchgestaltung diese Gewohnheit.

Zumindest aufwendigere Fachbücher werden oft in ihrem äußeren Erscheinungsbild wie Objekte behandelt, die ein ästhetisches Eigenleben führen und neben anderen schönen Dingen zu unserer Wohnumwelt gehören und z. B. auch ins Bücherregal passen müssen. In den Büros und Planungsämtern findet man sie neben den Arbeitsplätzen selten vor.

Erwartet man dagegen von einem neuen Buch neben der anregenden und für den Zeitraum der Beschäftigung mit ihm befriedigenden Betätigung eine Wirkung auf die eigene Einstellung und hofft auf Lebenshilfe oder man wünscht sich als jemand, der einer planenden und gestaltenden Arbeit nachgeht, daß sich die Auseinandersetzung mit dem Buch als Erfahrung und in Form von Erkenntnis niederschlagen kann, dann muß Lesen ein notwendiger Teil alltäglicher Daseinsform, also auch von Arbeit sein, und das Buch durch Aufbau und Erscheinungsbild zu einem ästhetisch befriedigenden Arbeitsmittel gestaltet werden. Diesen wichtigen Gesichtspunkt erfüllen unbewußt bisweilen billig aufgemachte Fachbücher aus anderen Ländern. Der schlechte Druck auf holzhaltigem Papier liegt dem eigenen Tun (Schreibmaschinentext und Skizze) oft näher als die gestellte Fotoaufnahme auf glänzendem Kunstdruckpapier. Eine bewußte und ernsthaft betriebene Buchgestaltung muß hier neue Wege einschlagen und das Fachbuch stärker in den Dienst einer Arbeitsatmosphäre stellen, ohne dabei die bedeutsame Tradition als schönes Buch aufzugeben.

Hier bahnt sich eine vergleichbare Problematik an, wie sie bei der Gestaltung in öffentlichen Bereichen seit einiger Zeit ansteht. Auch dort sollen die Elemente das Stadtbildes durch ihre Schönheit wirken, dabei aber gleichzeitig anderen Nutzungsweisen außer denen der ästhetischen Wahrnehmung dienen und in dieser Zielrichtung auch von möglichst vielen Menschen verstanden werden.

Ein Buch über Wasser im Stadtbild wendet sich in erster Linie an all diejenigen, die ein besonderes Interesse an diesen Fragestellungen haben, vor allem an Gestalter, die selbst Objekte mit Wasser entwerfen wollen, wie auch an verantwortungsbewußte Bürger, die in den unterschiedlichsten Funktionen mithelfen, richtige Planungsentscheidungen zu treffen und eine angemessene Gestaltungslösung zu verwirklichen, oder bereit sind, die Verantwortung für die Gestaltung des Stadtbildes mitzutragen.

Das gemeinsame Interesse am Wasser als Gestaltungsmittel im Stadtbild bedeutet aber nicht, daß alle Interessierten dieses Problem gleichartig betrachten. Ein jeder wird aufgrund seiner Erziehung und Berufsbildung das Wasser unter einer anderen Perspektive wahrnehmen und verstehen.

Der Architekt versteht das Wasser als ein dem Gebäude zugeordnetes wichtiges und verbindendes Element im Außenbereich. Der Stadtplaner verwendet es als Dominante, die den Raum prägt. Für den Garten- und Landschaftsgestalter ist Wasser wie Vegetation ein Mittel, um dem Menschen seine notwendige Verbundenheit mit der Natur, ihren Gesetzen und ihrem Gestaltungsreichtum vor Augen zu führen und er sorgt für einen humanen Maßstab und eine angemessene Zielsetzung in der Stadtbildgestaltung. Ebenso setzen Künstler und Objektdesigner mit Vorliebe Wasser als Gestaltungsmittel ein, wenn sie den Auftrag bekommen, eine bestimmte Stelle im Stadtbild durch ein Objekt besonders auszuzeichnen. Und nicht selten sind an dem Entscheidungsprozeß, welche Gestaltlösung z. B. in einem Wettbewerb ausgewählt werden soll, interessierte Bürger beteiligt, die selbst keine Planer sind, sich aber auf Grund ihres Verantwortungsbewußtseins für eine Kommune über die Wirkung der Stadtgestalt ernsthaft Gedanken machen.

Von allen Gruppen werden kreative Fähigkeiten erwartet, die vorzugsweise durch persönliche Erfahrung erworben werden. Ortsbesichtigungen etwa und Studienreisen, die kritische und handelnde Auseinandersetzung mit dem beobachteten realen Objekt, nähren am ehesten die Fähigkeit zur freien Entscheidung und zur Gestaltfindung. Die aus heutiger Sicht zeitraubende Auseinandersetzung findet leider nicht mehr in dem gewünschten, notwendigen Ausmaß statt. An ihre Stelle tritt das Literaturstudium. In zunehmendem Maße müssen Informationen persönliche Erfahrungen ersetzen. In einem Buch wie diesem lassen sich auf 140 Seiten 80 Beispiele aus verschiedenen Ländern aufzeigen und in relativ kurzer Zeit studieren. Ein annähernd vergleichbare Zahl wird man im Rahmen einer Planungsaufgabe kaum besichtigen können. Wenn Darstellungen aber den gleichen Zweck erfüllen sollen wie das Studium realer Objekte an Ort und Stelle, dann muß sich ein Gestaltungsbeispiel im Buch in vergleichbarer Weise dem Betrachter darbieten wie im Stadtbild selbst. Es muß kritische Annäherung zulassen und sich in einer Form präsentieren, die dem Betrachter gestattet, sich eine persönliche Meinung zu bilden.

Der Autor dieses Werkes versteht den Leser als seinen Gesprächspartner. Um sich zu verständigen, wählt er eine Sprache, die der andere verstehen kann. Er möchte auf diesem Wege nicht belehren und überreden, sondern Meinungen aufbereiten und Entscheidungsmöglichkeiten anbieten.

Unter dieser Perspektive ist die Auswahl der Objekte erfolgt, die Ordnungsstruktur abgestimmt, nach der sie vorgestellt werden, die Art ihrer fotografischen Darstellung und die jeweilige Textbeschreibung gewählt. Auf das traditionelle Aufzeigen historisch bedeutsamer Beispiele ist aus dem gleichen Grund verzichtet worden. Gerade die Gestaltung mit Wasser in unserer heutigen Zeit läßt sich nicht als logische Folge einer kontinuierlichen Entwicklung aufzeigen, die in den zeitgenössischen Beispielen ihren aktuellen Ausdruck findet. Nachdem man sich längere Zeit gar nicht mit diesen Fragen auseinandersetzte und im wörtlichen Sinne alles verschüttet hat, was an alten Formen noch vorhanden war, suchen die Gestaltungsversuche der letzten zwei Jahrzehnte einen neuen Ansatzpunkt für eine Gestaltlösung. Sie verstehen sich in erster Linie als humane Elemente der Stadtgestalt, die den Bedürfnissen möglichst vieler Menschen in einer urbanen Umwelt gerecht werden wollen. Daß dieses Anliegen in so verhältnismäßig kurzer Entwicklungszeit kaum gelingen kann, liegt auf der Hand. So sind die dargestellten Beispiele auch nicht in all ihren Einzelheiten als beispielhaft anzusehen. Doch ist bei ihrer Gestaltung mindestens ein wesentlicher Gesichtspunkt berücksichtigt worden, der es wert ist, beachtet zu werden, um in künftige, vergleichbare Lösungsansätze einzufließen. Bisweilen ist auch nur die Idee bemerkenswert, die verfolgt wurde, aber im Objekt sich nicht verwirklichen ließ. Eine sachliche fotografische Darstellung möchte sich nicht darauf beschränken, ausschließlich die positiven Seiten einer Lösung aufzuzeigen, sondern vielmehr durch eine einheitliche Betrachtungsweise einen Vergleich der einzelnen Beispiele untereinander ermöglichen. Das kleinste rechteckige Bildformat steht als Übersicht stets am Anfang einer Objektdarstellung. Eine ganzseitige Fotografie verweist jeweils auf einen neuen Gesichtspunkt der Betrachtung.

Der Text versucht zu Beginn eines neuen Kapitels am Beispiel eines ausführlicher dargestellten Gestaltungselementes wesentliche Gesichtspunkte herauszustellen. Auf diese wird durch die Erläuterungen zu den verschiedenen Bildbeispielen näher eingegangen.

Trinkbrunnen und Zapfstellen

Heute muß ein Brunnen eigens als „Trinkbrunnen" gekennzeichnet sein, wenn er ausnahmsweise seine ursprüngliche Funktion erfüllt und trinkbares Wasser spendet. Während alle anderen Wasserstellen und Objekte in erster Linie nur unsere Augen und Ohren ansprechen und vielleicht auch eine Berührung mit der Hand zulassen, bietet der Trinkbrunnen, sofern er beständig läuft und nicht jedesmal erst betätigt werden muß, all unseren Sinnen Anregung und Labung. Die Wahrnehmungsorgane des Menschen, in grauer Urgeschichte auf die Anregungen einer natürlichen Umwelt geeicht und noch heute ebenso wirksam, werden in der gebauten, künstlichen Umwelt Stadt durch das fließende und trinkbare Wasser in vorzüglicher Art und Weise wirkungsvoll angesprochen. Wir hören das Wasser plätschern, sehen den sich ständig verändernden Wasserstrahl, fühlen das kühle Naß, riechen seine Frische und schmecken es schließlich, während wir unseren Durst stillen.

Die vielfältige Ansprache durch eine Sache, die darüber hinaus eines unserer Grundbedürfnisse befriedigt und unser Leben erhält, sollte möglichst an allen wichtigen Stellen der Stadt vorgefunden werden. Klares, trinkbares Wasser ist die scheinbare Verschwendung wert, die wir im ständig fließenden Wasserstrahl sehen, der nicht umgewälzt wird und auch dann weiter läuft, wenn niemand davon trinkt. Bei angemessener Gestaltung genügt bereits ein schwacher Strahl, um die aufgezeigten Wirkungen zu erzielen.

Lange Zeit wurde der besondere Wert von Trinkbrunnen nicht erkannt. Jede Familie hat, das wird als ein Fortschritt angesehen, ihre eigene Wasserstelle in der Wohnung, und die Entnahme wurde zu einem mechanischen und anonymen Vorgang, bei dem bisher Wasser in Trinkqualität für jede Art von Reinigung und Spülung unbegrenzt und relativ preiswert zur Verfügung stand. Nachdem es aber immer größere Schwierigkeiten macht, große Mengen Trinkwasser aufzubereiten, beginnen wir es wieder als wertvolles Gut anzusehen.

Wenn jetzt erfreulicherweise immer mehr Städte dazu übergehen, an besonderen Stellen Trinkbrunnen anzubieten, so sollten bei ihrer Gestaltung wichtige Aspekte berücksichtigt werden, die durch unseren alltäglichen Umgang mit dem Wasser geprägt sind. Trinkwasser kommt aus einem geschlossenen, sauberen Leitungssystem. Man hält das Gefäß, die Hand oder den Mund in den fließenden Strahl und das überflüssige Wasser verschwindet sofort.

So ist es zu verstehen, daß die meisten Trinkbrunnen wie sanitäre Anlagen aussehen, verchromt und mit runden Formen. Sie dienen augenscheinlich nur dem Bedürfnis, Durst zu stillen und vernachlässigen die Anregung der anderen Sinnesorgane. Im Erscheinungsbild unserer häuslichen Armaturen verweisen sie jedoch nicht auf die ursprüngliche Formensprache und ihre Bedeutung für das Stadtbild.

Wir verbinden doch mit dem Begriff Wasser über die Sprache mehr, als wir jemals persönlich erfahren können. In der Bildsprache vergangener Zeiten, in der besonderen Form von Gerätschaften z. B., mit denen früher Wasser geschöpft, gefaßt, geleitet wurde, drückt sich eine jahrhundertelange Erfahrung aus, an der wir auch teilhaben sollten, um Wasser verstehen und in seiner lebendigen Vielfalt erleben zu können.

So erinnert der Brunnen in Nürnberg-Deutenbach (S. 16–18) einmal an die hölzernen Wassertröge und Rinnen, aber auch an die bäuerlichen Steintröge. Das Rund alter Holzformen und die Schwere von hartem Naturstein finden in der bildhauerischen Formensprache ihren einmaligen Ausdruck. Der Brunnen steht auf einer platzartigen Erweiterung inmitten einer der üblichen Neubausiedlungen, deren Erscheinungsbild durch vorgefertigte Bauelemete bestimmt wird. In diesem Umfeld kann der Brunnen seine volle Wirkung entfalten. Neben seiner Funktion als Trinkbrunnen wird die Anlage einer ganzen Reihe von weiteren Bestimmungen gerecht. Vornehmlich die Kinder bedienen sich dieses Angebotes und spielen ungestraft und gefahrlos mit dem Wasser, das nur eine geringe Tiefe hat und sich in einer bestimmten Höhe vom Boden befindet,

Nürnberg-Deutenbach
Trinkbrunnen
Heinz Heiber, 1973

die Verunreinigungen und einen ständigen Aufenthalt in nassen Randbereichen ausschließt. Für die Menschen des Viertels bildet der Brunnen einen wichtigen Anziehungspunkt. In seiner Nähe und damit auch in der Nähe ihrer Kinder, kommt es zu Gesprächen. Mitten in einer alltäglichen Wohnumwelt, die sich in nichts von vergleichbaren anderen Stadtvierteln unterscheidet, kann dieser Brunnen alte und neue Maßstäbe setzen. Diese müssen nicht jedermann bewußt werden, doch man darf wohl annehmen, daß die alltägliche Konfrontation mit einem Gestaltungsobjekt, das den Menschen immer wieder auf den unterschiedlichsten Kanälen anzusprechen weiß, seine Wirkung hinterlassen wird.

Oft ist es nicht einmal notwendig, Zapfstellen und Trinkbrunnen an die Frischwasserleitung anzuschließen. Manche Städte verfügen über leistungsfähige Quellen, die irgendwo unterirdisch abgeleitet wurden. Manchmal ist es auch preiswerter, einen eigenen Brunnen zu graben, dessen Wasser von einer kleinen Pumpe an die Oberfläche befördert wird.

Bisweilen fällt auch Thermalwasser an mit unterschiedlichen, oft heilenden Zusätzen, das in der Regel gar nicht verbraucht werden kann und ebenfalls nutzlos abgeleitet wird. Trinkbrunnen, die dieses Wasser führen, haben den Vorzug, daß sie auch im Winter funktionieren. In den Frostperioden werden ja im allgemeinen die wasserführenden Gestaltungsobjekte abgeschaltet. Es kommt so erst gar nicht zu den phantastischen Eisformen. Bilder und Eindrücke, die man nur noch selten in ihrer Fülle in der Stadt erleben kann. Trinkbrunnen mit aggressivem Wasser müssen aber besonders ausgebildet sein.

Da die Trinkbrunnen ihrem Wesen nach auf die ursprünglichste Form von Wasserstellen in der Stadt verweisen, kann sich bei ihrer Gestaltung auch der Formen- und Ideenreichtum entfalten, der in langer Tradition hervorgebracht worden ist. Ob es nun das ausgewählte Material ist – selbst Holz hat sich hier bewährt und eine gut verarbeitete Holzrinne oder ein Trog aus Holzplanken kann 20 Jahre und länger halten – oder das frohe Formenspiel der Speier. Man kann die unterschiedliche Größe der Durstigen berücksichtigen, für Kinder kleinere Zapfstellen anbieten und auch an die Hunde und Vögel denken. Manchmal wird es auch sinnvoll sein, gleich mehrere Zapfstellen vorzusehen, damit eine Gruppe von Schulkindern oder Reisenden gleichzeitig trinken kann.

Aachen, Eupener Straße
Rabenbrunnen
Mathias J. Corr, 1956

Der Brunnen ist alten bäuerlichen Vorbildern nachempfunden und beweist, daß man auch heute dauerhafte Objekte aus Holz herstellen kann. Nicht allein die Aufbauten sind aus diesem Material, Holzbohlen bilden auch den Trog, der wie alte Weinfässer durch genietete Eisenbänder zusammengehalten wird. Der Brunnen wird mit Frischwasser aus einer eigenen Quelle gespeist.

Wiesbaden, Kochbrunnenplatz
Kochbrunnen
E. Heydock, 1971

Über eine Brunnenplatte aus Riesengebirgsgranit auf Metallfüßen ergießt sich 66 Grad heißes Wasser und führt auf diese Weise jedem sichtbar vor Augen, welche besonderen Kräfte unter der Stadt wirksam werden. Die aufsteigenden, weithin erkennbaren Dämpfe lassen Wasser in einer für öffentliche Bereiche ungewöhnlichen Form in Erscheinung treten.

Aachen, Burtscheider Markt
Trinkbrunnen
Rita Landvogt, 1953

Im Kurviertel von Burtscheid wird mit Thermalwasser aus vorhandenen Quellen dieser Brunnen gespeist, der jedem Bürger kostenlos einen heilsamen Trunk gewährt. Die heißen Temperaturen machen es möglich, den Brunnen im Gegensatz zu allen anderen Wasserstellen auch in frostreichen Wintermonaten laufen zu lassen. Armaturen und Beckenschale sind wegen des aggressiven Wassers aus Edelstahl.

Berlin
Trinkwasserpumpen

Berlin gehört zu den wenigen Städten, deren Bewohner sich notfalls selbst mit Wasser versorgen können. Die alten gußeisernen Pumpen von früher wurden nicht aus dem Stadtbild entfernt, sondern im Gegenteil liebevoll gepflegt und durch weitere Exemplare mit zeitgemäßer Formensprache auch in den Neubaugebieten ergänzt.
Sie liefern kostenlos Wasser für jedermann als Erfrischung, zum Spiel und zum Blumengießen. Die Pumpen sind alle registriert und werden regelmäßig gewartet und gestrichen.

Gernsbach, Rathausplatz
Brunnen
Josef Kalmbacher, 1979

Wasserführung und Sammelbecken sind bei diesem Brunnen gestalterisch so gelöst, daß der Benutzer sich zwangsläufig auch mit dem Werkstoff auseinandersetzen muß, aus dem er besteht. Der Brunnen ist aus einem großen Travertinblock gehauen. Einblicke und Ausblicke lassen sich auch mit der Hand erfahren und legen dem neugierig gewordenen Benutzer nahe, sich länger mit der Gestalt des Brunnens zu beschäftigen.

Lörrach, Sonderschule
Trinkbezirk auf dem Schulhof
Rudolf Scheurer, 1978

Fünf Zapfstellen und der runde Brunnenblock in der Mitte aus St. Gotthardt-Granit auf Kleingranitpflaster sind in verschiedenen Höhen angelegt. So können sich mehrere Kinder gleichzeitig mit dem begehrten Naß beschäftigen, weil dabei auf ihre unterschiedliche Größe durch die Gestaltung Rücksicht genommen worden ist. Durch Druck auf die verchromten Ventile wird ein senkrechter Wasserstrahl ausgelöst.

Tarragona, Fußgängerzone um Roger de Lauria
Drei Trinkbrunnen

In drei unterschiedlich hohe Brunnenkörper aus Betonfertigteilen sind Edelstahlbecken eingearbeitet, die ständig mit frischem Wasser gespeist werden.

Zürich
Trinkbrunnen

Ein plastischer Körper aus eloxiertem Stahlblech erfüllt gleich mehrere Funktionen neben der Möglichkeit, unterwegs einen Schluck frisches Wasser zu sich zu nehmen. Er gestattet es auch, eine Tasche abzustellen und sich kurz auszuruhen. Selbst an die durstigen Tiere ist gedacht. Sie finden auf ihrer Höhe eine eigene Wasserstelle vor.

Mainz, Rathausplatz
Trinkbrunnen

Auf engstem Raum lassen sich kleine Trinkwasserstellen einrichten, die in diesem Fall durch die Verwendung von glänzenden Edelstahlteilen stark an die Wasserhähne im privaten Bereich erinnern. Aus drei Zapfstellen sprudelt ständig frisches Wasser.

Stuttgart, Schwanenplatz
Trinkbrunnen
Hans Luz und Partner, 1977

Wie übergroße Wasserhähne wirken die fünf Zapfstellen aus Edelstahl am Kreuzungspunkt mehrerer Wege. Die besondere Stelle wird durch die Trinkbrunnenanlage herausgestellt. Und es wird Rücksicht darauf genommen, daß an diesem Punkt oft ganze Gruppen von durstigen Besuchern auftauchen, die dann nicht anstehen müssen zum Trinken, sondern in bequemer Haltung und lustiger Runde gemeinsam ihren Durst stillen können, ohne sich dabei aus den Augen zu verlieren.

Stuttgart, Untere Königstraße
Aquamobile
Gottfried Gruner, 1977

Das vom Scheitelpunkt der Anlage fließende Wasser treibt verschiedene Räder an und inszeniert eine Bewegung, die auch aus der Entfernung schon auf den Brunnen aufmerksam macht. Auf spielerische Art und Weise kann so auch ein schwaches Fließen bildhaft verstärkt werden. Das durch eine Pumpe angetriebene Wasser ist trinkbar und dient auf einer tiefliegenden Ebene auch als Hundetränke.

Aachen, Kleiner Münsterplatz
Möschebrunnen
Bonifazius Stirnberg, 1978

Eingebettet in die gestaltreiche Formensprache eines historischen Umfeldes, wird dieser Trinkbrunnen aus Bronze zu einem Denkmal für die vielen Spatzen in der Stadt, die hier liebevoll Mösche genannt werden. Als Kunstwerk kann die Wasserstelle sehr viel phantasievoller gestaltet werden und auch auf die kleinteiligen Strukturen der Bebauung im Hintergrund eingehen.
Über einen runden Druckknopf am Rumpf der Anlage wird ein Ventil geöffnet, das Trinkwasser für mehrere Sekunden freigibt. Es fließt als Strahl von oben aus der Kugel, wird in einem Sammelbecken aufgefangen und sofort abgeleitet.

Rinnen und Bäche

Den sich bewegenden Elementen schenkt der Mensch besondere Aufmerksamkeit. Sie wechseln ständig ihr Aussehen und regen durch immer neue Ausdrucksformen die Sinne an.

Wasser ist ein Element, das durch seine Bewegung eine Sonderrolle einnimmt in der Palette der Bausteine, die unser Stadtbild bestimmen. Leichte Veränderungen des Erscheinungsbildes z. B. durch Licht kann fast jedes Element für sich in Anspruch nehmen, das Zusammentreffen von verschiedenen Veränderungen, die z. B. durch Altern, Jahreszeit oder durch Witterung eintreten, zeichnen natürliche Gestaltungselemente aus. Meist sind es äußere Einflüsse, die auf die Objekte einwirken und die sie in einem anderen Licht erscheinen lassen. Bei der Vegetation, besonders aber beim Wasser, wird die ständige Veränderung des Erscheinungsbildes durch das Objekt selbst ein charakteristisches Kennzeichen. Beide Elemente sind zu den wenigen natürlichen zu zählen in unserer sonst künstlich gebauten Umwelt. Beim Wasser kommt hinzu, daß es ein Medium ist, das sich fortwährend durch Bewegung verändert, auch ohne äußere Einflüsse wie z. B. den Wind. Es genügen bereits geringste Höhenunterschiede, um die Vielfalt des Formenreichtums anzudeuten. Nach jedem Regen erleben wir dieses Phänomen bewußt auf den Straßen und Dächern.

Vielfältig sind auch die Bezeichnungen, die diese wechselnden Bilder hervorrufen: Wasser glitzert, spiegelt, sprudelt, spritzt, es gurgelt und rinnt, es läuft und schwappt, es staut sich und steigt, kräuselt sich, wirft Kreise und Ringe, es rauscht und stürzt, es murmelt.

Viele dieser Begriffe rufen geichzeitig akustische Wahrnehmungen auf den Plan, die mit den visuellen Erscheinungen parallel laufen. Aber auch hier werden wieder die verschiedenen Sinne der Menschen angesprochen. Wasser kann wahrgenommen werden, ohne daß man es sieht. Nach einem Schauer hat die Straße ihre typisch nassen Geräusche.

Der Regen trommelt an das Fenster, ein Bach rauscht in der Nähe. Seine Geräusche begleiten den müden Gast sanft bis in den Schlaf. Der undichte monoton tropfende Wasserhahn dagegen kann Unruhe und Gereiztheit hervorrufen. Eine Variationsbreite nicht nur in den optischen, sondern auch in den akustischen Reizen wird als angenehm empfunden und bevorzugt.

Während man früher das Vorhandensein von Bächen und Quellen als eine Voraussetzung ansah für eine Stadtgründung, war es lange Zeit erklärtes Ziel, sich all dieser vielen kleinen Rinnsale zu entledigen. Sie wurden verrohrt und machten dem Verkehr Platz, der hier auf Flächen ausweichen konnte, die niemandem, d. h. allen gehörten und deren Wert man zeitweilig verkannte. Eine gewisse Schizophrenie im Denken machte sich breit. Ein zielorientiertes, auf Fortschritt und Entwicklung bedachtes Streben, das sich in den Wissenschaften und Techniken bewährte, griff auch auf Bereiche über, die sich ihrem Wesen nach einer technisch-wissenschaftlichen Denkweise entziehen. Während die Bürger unserer Städte weiterhin in ihren Ferien Orte bevorzugen, in denen die Umwelt noch voller vielfältiger Reize ist, dabei werden Orte mit Wasser bevorzugt, setzte sich zu Hause berufsorientiertes Denken und Handeln durch, das zu verhängnisvollen Entscheidungen bei der Gestaltung unserer Städte führte. Erst mit der Verdrängung des Verkehrs aus den Zentren der Stadt und einem damit verbundenen Umdenken, das beispielsweise die Entwicklung der Fußgängerzonen einleitete, besann man sich auf die alten Werte und deckte zumindest teilweise die verrohrten Bäche in den Hauptstraßen wieder auf. Man hatte eingesehen, daß es mit der Befreiung der überlasteten Straßen vom Verkehr nicht getan war. Nicht selten verödete die sonst so pulsierende Hauptstraße völlig nach Geschäftsschluß. Ungestört von der Vielfalt der verkehrsbezogenen Gestaltungselemente richtete sich der Blick des nun langsam gehenden und interessierten Fußgängers auf die Häuserfronten und Einzelheiten, die ihm als Autofahrer nicht aufgefallen waren. Und wenn sich hierbei nicht ein historisches Panorama von interessanten Fassaden und farbigen De-

Freiburg i. Br., Stadtzentrum
Bächle mit fünf Plastiken
Franz Gutmann, 1977

tails dem Blick eröffnete, sondern das monotone Bild neuzeitlicher Gestaltung, wirkte die neuerworbene Einsicht eher ernüchternd und abstoßend. So war es naheliegend, bei der Gestaltung solcher Zonen auf ein Element zurückzugreifen, das von sich aus alle jene Qualitäten mitbringt, die man auch in der Anmut der alten Fassaden entdeckte. Das Wasser bietet eine große Variationsbreite an Erscheinungsformen, es zeigt eine breite Spanne an farblichen Nuancen und reagiert auf die unterschiedlichsten Einflüsse von außen durch optische und akustische Signale.

In Form von Rinnen und kleinen Bächen läßt sich Wasser auch in den engsten Bereichen einer Stadt, in Gassen und auf kleinen Plätzen, entlang von Mauern und Hauswänden einsetzen. Der natürliche Bach mit all seinen verschiedenen Stadien, Formen und Geräuschen kann auch als künstlich geplante Gestalt in der Stadt vergleichbare Wirkungen hervorrufen. So kann ein künstlicher Kreislauf des Wassers gestalterisch nachgebaut werden.

War die Verdrängung des Verkehrs zunächst Anlaß, sich wieder mit den alten Rinnen und verrohrten Bächen zu beschäftigen, geht man an verschiedenen Stellen bereits dazu über, neue Rinnen anzulegen mit besonderer Ausbildung des Quellpunktes und der Sammelstelle. Aber auch bei neueren Ansätzen unserer Stadtbildplanung, bei verkehrsberuhigenden Maßnahmen, wird die Rinne als Gestaltungselement eingesetzt.

Eine Stadt vor allem hatte sich nicht den neuzeitlichen Tendenzen angeschlossen und an ihrem Wasser festgehalten: Das innere Stadtbild von Freiburg ist durchsetzt von kleinen Bächen (Bächle) (S. 30–31).

Entstanden aus einer ursprünglichen industriellen Nutzung des Wassers, bestimmen sie nach wie vor das Stadtbild und geben ein gutes Beispiel für alle Bemühungen in dieser Richtung. Besonders reizvoll ist das Zusammengehen dieser Bäche mit dem Bodenbelag, halbierten Kieseln, die für individuelle Gestaltung einen breiten Spielraum zulassen, der mit immer neuen Vorstellungen ausgefüllt wird.

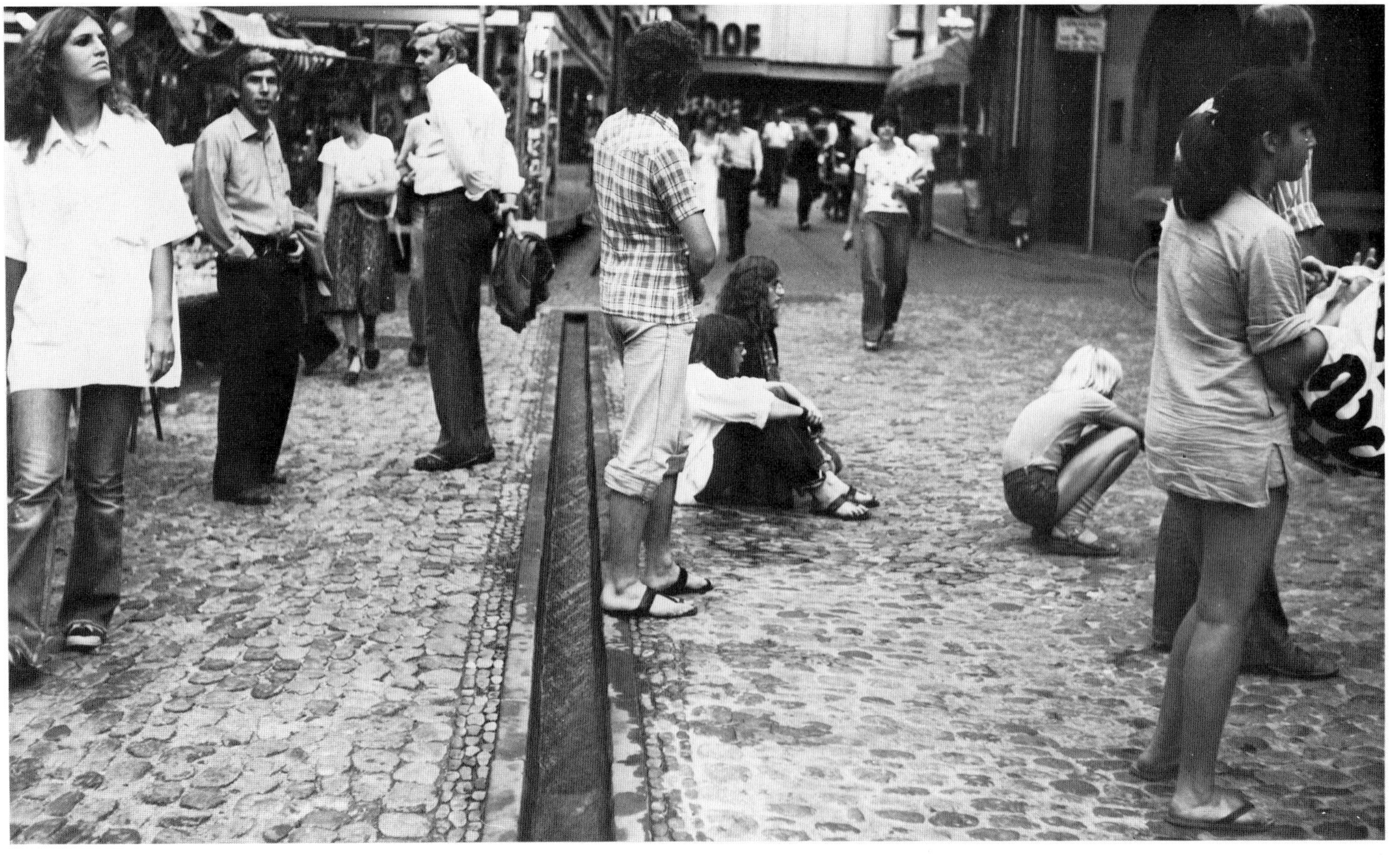

Ahrweiler, Niederhutstraße
Bachlauf

Der ursprüngliche Bachlauf, der hier einmal durch die Straße zog und später verrohrt wurde, ist im Rahmen einer Fußgängerzonenplanung an zwei kleineren, gesicherten Teilstücken wieder geöffnet worden. Sie vermitteln eine ausschnitthafte Vorstellung von dem lebendigen Erscheinungsbild früherer Stadtbilder.

Ahrweiler, Niederhutstraße
Wasserrinne

Zusätzlich zu dem abschnittsweise wieder freigelegten alten Bachlauf (S. 33) werden auch neue Formen von Rinnen ausprobiert. Die Natursteineinfassung aus Basalt und alte Gestaltungselemente wie Pumpe und Laterne stellen in Verbindung mit der Vegetation den Bezug her zum historischen Stadtbild, das durch das fließende Wasser eine zusätzliche Bereicherung erfährt. Die Wasserfläche schafft Bewegung, zaubert neue Lichtreflexe, gliedert den Raum und bietet Spielmöglichkeiten.

Bonn, Vivatsgasse, Bottlerplatz
Rinne
Stadtplanungsamt Bonn

Bei der Anlage von kleinen Rinnen im Stadtbild, die in einer überschaubaren Distanz Wasser durch die Straßen führen, werden Quelle und Sammelpunkt zu wichtigen Stellen. Beide Punkte sind in Bonn besonders ausgebildet. Das Wasser entspringt einem Löwenmaul aus Bronze, ein Wasserbecken aus Basalt sammelt den ersten Strahl und führt ihn in eine Rinne aus dem gleichen Material. Diese mündet wiederum in ein Rondell, das durch zusätzliche Fontänen betont wird.

Köln, Domplatz
Taubenbrunnen
Ewald Mataré

Bei dieser kleinen Wasserstelle ist die Rinne aus Basalt schneckenförmig um den Abfluß in der Mitte angelegt. Man kann sich in unmittelbarer Nähe des Wassers aufhalten und sich intensiv mit dem Brunnen als Ganzes beschäftigen, der in sehr einfacher Formensprache alle wichtigen Aspekte rinnenden Wassers veranschaulicht. Der Besucher findet hier am Rande eines bedeutenden Platzes im Schatten des Kölner Domes die Möglichkeit auszuruhen.

Unterhaching, Ortsmittelpunkt
Rinne als Teilstück einer verkehrsberuhigenden Maßnahme, 1979

Während man früher alle Mittel einsetzte, um eine Straße in einer Ortschaft zu begradigen und autogerechter zu gestalten, gibt man sich jetzt Mühe, die gleichen Autos möglichst kurvig und dadurch langsam durch den Ort zu führen, um die Straße auf diesem Wege wieder sicherer und auch für den Fußgänger anregender zu gestalten. Neben Naturstein und Vegetation findet vor allem Wasser als Gestaltungselement wieder Eingang in diese Überlegungen.

Hannover, Fußgängerzone Passerelle
Wolkenbrunnen
Stephan Schwertfeger, Diether Heisig, 1976

Das künstliche Erscheinungsbild der Stadt muß an allen Stellen geplant werden. Dieser erfundene Kreislauf des Wassers reicht über die beiden Ebenen der Fußgängerzone und macht schon von weitem deutlich, daß man als Fußgänger an dieser Stelle von oben nach unten gelangen kann. Wasser tritt am oberen Rand der sechs Meter hohen Edelstahlkonstruktion als „Regen" aus den „Wolken" aus und wird auf der unteren Ebene in einem künstlichen Bachlauf weitergeführt.

Eschweiler, Stadtzentrum
Flußbett der Inde, 1978

Nachträglich wurde gestalterisch auf einen vorhandenen, kleinen Flußlauf eingewirkt. Während er früher ein eher eintöniges Rinnsal war, hat man durch Einbauten erreicht, daß das Wasser eine Vielzahl von visuellen und akustischen Erscheinungsformen preisgibt. Das Wasser spiegelt sich und rauscht, es schäumt und murmelt, es schwillt an, staut sich und verrieselt wieder.

Tarragona
Straßenrinne in einer Mauer

Platz für Wasser läßt sich im Stadtbild auf engstem Raum finden. Hier ist eine Mauer in ihrem Fußpunkt gleichzeitig als Rinne ausgebildet. Stufenförmig wird das Wasser den Berg herabgeführt und am tiefsten Punkt in einem Becken gesammelt.

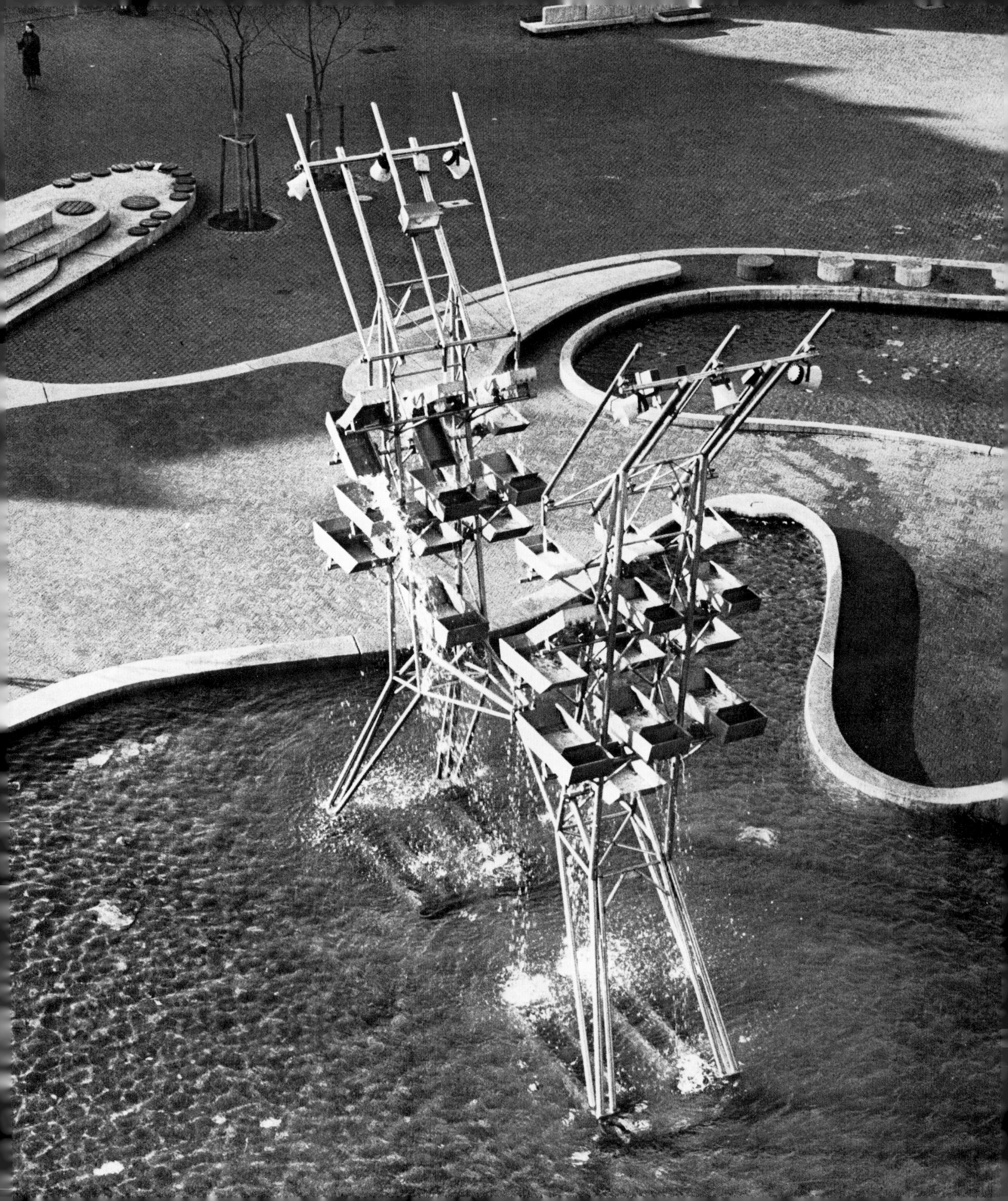

Wasserobjekte

Wir sind es gewohnt, alle Objekte im öffentlichen Bereich, bei denen in irgendeiner Form Wasser als Gestaltungselement dient, Brunnen zu nennen. Eine genauere Unterscheidung hat sich bislang nicht eingebürgert, ein weiterer Hinweis darauf, daß wir mit der Entwicklung von unterschiedlichen Angeboten des Gestaltungselementes Wasser im öffentlichen Bereich noch ganz am Anfang stehen. So sollen nach den Zapfstellen und Trinkbrunnen, also Objekten, bei denen vornehmlich die Qualität des trinkbaren Wassers herausgestellt wird, jetzt Objekte behandelt werden, bei denen das Wasser in erster Linie durch seine sekundären, die ästhetischen und spielerischen Qualitäten dominiert.
Wir wollen sie Wasserobjekte nennen, weil diese Gestaltungselemente ohne Wasser bedeutungslos wären und nicht funktionieren würden.
Wasserobjekte werden in der Regel von Pumpen betrieben, die heute preiswert zu bekommen sind, geringen Pflegeaufwands bedürfen und sehr leistungsstark sein können. Das Wasser wird hierbei umgewälzt und durch Filter und chemische Zusätze saubergehalten. Wasserobjekte müssen aber dennoch ständig überprüft werden, da immer die Gefahr besteht, daß spielende Kinder von dem umgewälzten Wasser trinken.
Die Herausstellung des mechanischen Vorgangs macht bereits deutlich, daß bei diesen Objekten in erster Linie unsere Sinne angeregt werden sollen, vornehmlich Augen und Ohren.
Das Wasser wird durch Druck auf eine bestimmte Höhe gebracht und ergießt sich von dort, geprägt durch äußere Einwirkung in den verschiedensten Formen, legt eine festgelegte Gefällestrecke zurück, fließt am tiefsten Punkt zusammen und wird von hier durch Pumpenbewegung erneut in den Umlauf geschickt.
Die Formensprache, in der sich Wasser ausdrückt, interessiert in erster Linie. Düsenausbildung, Druck und Querschnitte bestimmen dieses Bild. Meistens ist die Technik, die diese verschiedenen Erscheinungsweisen hervorruft, nicht zu erkennen. Selbst wenn sie in die äußere Gestaltung eines Objektes mit einbezogen wird, so ist man zunächst nicht geneigt, in ihr eine eigenständige Qualität, ein Kunstwerk z. B., zu erblicken. Sie bleibt dienendes Werkzeug oder ein Maschinenteil, selbst dann, wenn dieses durch wertvolle Metalle veredelt ist.
Das Aquamobile vor dem Leverkusener Rathaus kann als ein Beispiel für Wasserobjekte verstanden werden. Alle Bewegungsformen des Wassers werden hier demonstriert mit Hilfe eines riesigen, glänzenden Apparates, durch den man das Wasser hindurchleitet. Auf seinem Wege wird es über ein raffiniertes System von wippenden Schaufeln und Wannen zu immer neuen Formationen bewegt, bis es schließlich sprühend und klatschend in einer größeren Wasserfläche landet. Ein vortrefflich anmutendes Schauspiel, das nicht langweilig wird, weil sich dem Auge und dem Ohr immer neue und nicht wiederkehrende Konstellationen präsentieren. Auch sind die Anregungen so komplex, daß man nicht alle Details auf einmal überschauen kann. Das Auge wandert ständig und ist mit einer Fülle von wechselnden Eindrücken vollauf beschäftigt. Wasserspiele haben eine lange Tradition, die heute mit dem Einsatz neuer Materialien fortgesetzt wird. Dünne, rostfreie Stahlbleche lassen sich in jeder Richtung verformen und verbinden. Das Material ist robust genug, um einer dauernden Belastung und Benutzung von außen standzuhalten. Mit diesen neuen Werkstoffen läßt sich auch die klassische Formensprache der Schalenbrunnen variieren.
Natürlich können Wasserobjekte mit einer besonderen Namensgebung näher bezeichnet und ihnen eine zusätzliche Bedeutung unterlegt werden. Das verändert aber selten ihren Wert, der doch zu offensichtlich durch das Wasser

Leverkusen, Rathausplatz
Aquamobile
Gottfried Gruner, 1977

selbst bestimmt wird. Es sind vornehmlich zweckfreie und spielerische Aspekte, heitere Noten, die durch das Wasser vorgetragen werden. Oft genügt ja bereits eine kleine Fontäne, um in einen eher langweiligen Bereich etwas Abwechslung hineinzutragen. Man kann die Bewegung des Wassers auch dadurch unterstreichen, daß man z. B. die mechanischen Teile des Objektes sich mitbewegen läßt, angetrieben, gekippt oder gedreht durch das Wasser selbst, nach dem Prinzip des rotierenden Sprengers, und ein sich durch Wasserdruck veränderndes Teilstück nimmt seinerseits wieder Einfluß auf das Strömen des Wassers. Neben der Fülle von unterschiedlichen Erscheinungsformen, die Wasser allein durch seine Bewegung hervorrufen kann und durch die es sich deutlich von anderen künstlichen Gestaltungselementen des öffentlichen Raumes absetzt, die selten die Fähigkeit besitzen, sich zu bewegen und denen man kaum eine Veränderung ihres Erscheinungsbildes ansehen kann, lassen sich mit Wasser noch eine ganze Reihe anderer Gestaltungsqualitäten aufzeigen.

Dieses Element paßt sich jeder Situation an. So kann man es sehr stark auf die jeweilige Situation im Raum abstimmen und mit ihm eine gewünschte Wirkung deutlicher unterstreichen. Im Rahmen einer Fußgängerzonenplanung läßt sich beispielsweise Wasser mit unterschiedlichsten Funktionen einbauen. Man kann den Raum mit Wasser gliedern, besondere Stellen herausstreichen, das Ende oder den Anfang einer Zone markieren, einen Mittelpunkt betonen, der der Orientierung dienen soll, und störende Einflüsse abwehren. Hierbei können die akustischen Reize gleichberechtigt neben die optischen treten, die von einem Objekt ausgehen.

Bereits vorhandene Erfahrungen mit Wasser, seit frühester Kindheit oft unbewußt in der freien Landschaft und am Meer gesammelt, sollten in der Stadt durch die Hand des Gestalters beispielhaft anklingen. Charakteristische Erscheinungen wie Spiegelungen, Flimmern, Dampfen, Sprühen, Glitzern,

Funkeln, Blitzen werden durch typische Wassergeräusche ergänzt: Gurgeln, Murmeln, Trommeln, Tropfen, Rauschen, Rieseln, Zischen, Blubbern, Prasseln, Plätschern. Es kann ein weiteres Ziel sein, auch den drei anderen Wahrnehmungsorganen Tastsinn, Nase und Mund über das Wasserobjekt weitere Wahrnehmungsmöglichkeiten zu gewähren. Das hängt nicht selten von der Qualität des umgewälzten Wassers ab, denn nur angenehm empfundene Reize ergänzen das Erscheinungsbild und runden es zur umfassenden Ansprache an den Bürger ab. Manche Planer helfen sich, indem sie neben dem Wasserobjekt mit seinem gewaltigen umgewälzten Wasserlauf einen kleinen Trinkbrunnen anbieten, der nur bei Bedarf Trinkwasser spendet.

Aachen, Adalbertstraße
Variable Wasserplastik
Albert Sous, 1977

Im weithin sichtbaren Schnittpunkt mehrerer Geschäftsstraßen und in der Mitte einer platzartigen Erweiterung, auf der man sich trifft und ausruht, steht ein Wasserobjekt, das sich bewegt, mehrfach wie eine Blüte entfaltet und sich anschließend wieder zu einer runden Form schließt. Die einfallende Sonne wird durch den metallischen Glanz und die Wassertropfen gespiegelt. Nähert man sich dem Objekt, so hat es sich, angetrieben durch eine eigene Hydraulik, bei jedem Aufblicken leicht verändert.
Die Betoneinfassung bietet Sitz- und Spielmöglichkeiten an. Die ringförmig angeordneten Porzellankugeln am Beckengrund führen das anfallende Wasser in einer Rinne zum Abfluß.

Linz am Rhein
Schalenbrunnen
Inge Heim, 1976

Ganz aus Basalt sind die Schalen und tragenden Pfeiler gestaltet. Das alte Motiv eines klassischen Schalenbrunnens wird variiert. Fließendes Wasser macht aus der Anlage eine Einheit und gibt der Anordnung der unterschiedlich hohen Stützen einen einsehbaren Sinn.

Bad Pyrmont, Brunnenstraße
*Wasserobjekt in der Fußgängerzone
Dorle und Holger Haag, 1978*

Durch die Form der Einfassung, den Höhenvorsprung und die Auswahl der Materialien wird das Wasserobjekt zu einem integrierten Teil der Gesamtplanung einer neuen Fußgängerzone. Es markiert und flankiert eine wichtige Stelle, den breiten Treppenaufgang von einer Ebene der Zone zur anderen. Durch dessen Benutzung wird der Fußgänger zwangsläufig auch mit verschiedenen Ansichten des Wassers konfrontiert. Mal in Höhe der Hand, mal zu Füßen läßt das Objekt weitere Annäherungen zu. Sogar Wassertreten ist möglich und eine spielerische Auseinandersetzung, und der Rand lädt zum Sitzen ein.

Man sieht diesem Objekt an, daß es nach den gleichen Leitlinien gestaltet ist wie die anderen Teile der Fußgängerzone, in jedem Detail auf den Menschen bezogen. Und da man es nicht jedem recht machen kann, ist stellvertretend für alle Benutzer bei der Planung vornehmlich an den betagten und behinderten Menschen und an das Kind gedacht worden. Sichtbeton als Begrenzung, Wände, Platten und Treppen, Porphyr als Pflaster und Abdeckung, Holz als Auflage und verzinkte, braungestrichene Stahlteile bestimmen als Materialien die Gestaltung der gesamten Zone.

Mönchengladbach, Fußgängerzone
Wasserbecken
Planungsamt, Büro/Hermann Birkigt

Wasser nimmt hier formale Strukturen der Straße auf, führt die Linie der Baumreihe weiter und gewährt in Form von Wasserflammen, die wie aus einem tiefen Tiegel glimmen, eine ganz ungewöhnliche Auseinandersetzung. Man kann die Hand am Wasser kühlen in der Haltung, wie man sie sonst am Feuer wärmt, und in gleicher Stellung auch ins Wasser sehen, wie man sonst nur eine Flamme und ihre züngelnde Bewegung betrachtet.

Stuttgart, Aachen
Wasserobjekt, 1977

Mit Wasser lassen sich auch die unterschiedlichsten Formen nachbilden, Blumen beispielsweise, wie bei diesen Objekten.
Am Ende einer großen Anzahl von Rohren wird Wasser durch einen abschließenden Knopf flach ausgedrückt und beschreibt dadurch kreisförmige, sich ständig an den Rändern verändernde Wasserschirme. Solange Wasser läuft, scheinen die empfindlichen Gebilde durch ihre Schirme wie geschützt. Ohne das dekorative Naß verliert das Objekt völlig an Bedeutung und die jetzt leicht zerstörbaren Rohre ragen sinnlos in die Luft, so daß sie im Winter entfernt werden müssen.

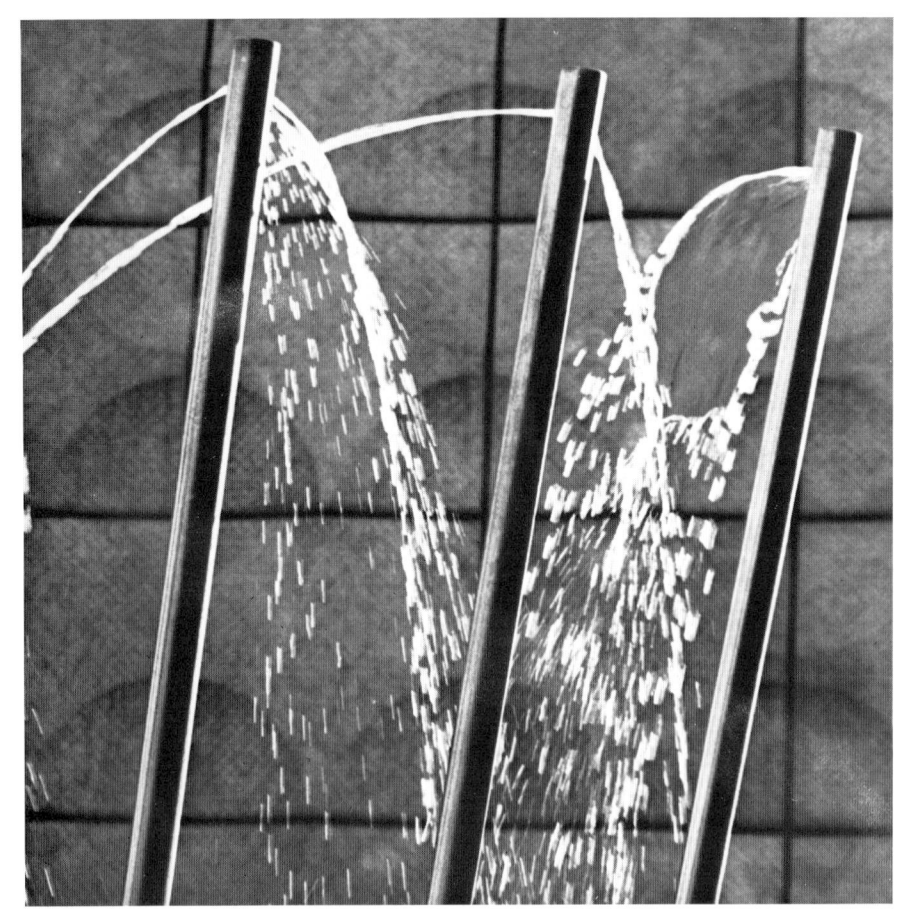

Aachen, Am alten Kurhaus
Wasserobjekt
Heinz Tobolla, 1971

Wie Orgelpfeifen umstehen blanke Edelstahlrohre eine Wasserfläche und wie Töne wird Wasser durch die Öffnungen gepreßt und ins Bild gesetzt. Höhen und Tiefen, laut und leise, rasch und getragen, so erscheinen die vielen Wasserstrahlen und unterstreichen ihr Spiel durch vergleichbare Geräusche.

51

Köln, Ebertplatz
Wasserobjekt
Wolfgang Goddertz, 1977

Die Gestaltung faßt helles, sprudelndes, tosendes Wasser und glänzende, riesige Metallschirme aus Edelstahl zu einer bewegten Komposition zusammen. Der kräftige Wasserstrahl wird in seiner Macht durch die Schirme aufgehalten, in ihre Hohlform gepreßt und zurückgeworfen. Das ganze Schauspiel ist durch entsprechend dramatische Wassergeräusche begleitet, die den großen Platz ebenso weit füllen wie auch der optische Eindruck des hohen Objektes wirkt.

Hannover, Raschplatz
Wasserobjekt
Joachim Wolf, 1977

Eine Abfolge von glänzenden Edelstahlschalen wird in ihrer Formensprache so sehr durch das fließende Wasser bestimmt, daß ohne dessen Bewegung, Glänzen und die Umschreibung der gewählten Form, das Objekt an Reiz und Bedeutung stark verliert. Darauf deuten bereits die für die meisten Besucher der Fußgängerzone nicht verständlichen, vom Wasser in ihrer Form nicht bestimmten Schalenreste hin, die etwas außerhalb des Objektes im Boden verankert sind.

Eschweiler, Rathausvorplatz
Wasserröhren
Hallermann, Rohn 1979

Neue Materialien wie Plexiglas® oder der ungewöhnliche Einsatz von Pflastersteinen bestimmen dieses Objekt. Das klare Fließen, steile Steigen und reine Strahlen des Wassers wird gestalterisch herausgestellt und überhöht. Dabei ist eine Formensprache gewählt, die man als Erfahrung vom Umgang mit Feuer und Wachs gut kennt. Wie Wasserkerzen leuchten die Röhren tags und ausgeleuchtet in der Nacht.

Herzogenrath, Rathausvorplatz
Glasröhrenbrunnen
Heinz Tobolla, 1978

Auch bei diesem Objekt ist die Ausdrucksform gläserner Röhren gewählt, um einen Aspekt des Wassers besonders herauszustellen. Das quirlende, kräuselnde Rinnen wird durch eine strukturierte Glasoberfläche erreicht, in der sich auch das Licht vielfältig bricht. Das Wasser zeichnet diese bewegte Fallstrecke vielfältig nach, ehe es sich in der spiegelnden Oberfläche beruhigt.

Stuttgart, Schwanenplatz
Berger Sprudler
Hans Luz und Partner, 1977

Welche schwierigen Gestaltungsprobleme sich mit Wasserobjekten lösen lassen, zeigt dieses Beispiel der zehn Sprudler von Stuttgart. Von der Parkseite erscheinen sie wie eine Kette kleiner Vulkane, die zu wechselnden Zeiten und in unterschiedlichen Höhen sprühen und sprudeln und so ein neuartiges, sich ständig veränderndes Panorama bilden. Auf der anderen Seite begrenzen die Sprudler eine Verkehrsader, die an dieser Stelle auch für den Fahrgast der Straßenbahn z. B. zu einem elementaren Erlebnis wird.
Die Kuppen der Sprudler bestehen aus sandgestrahlten Sichtbetonfertigteilen. Für die bis zu 3,5 m hohe Fontäne sorgt eine Tauchpumpe, die über sieben Düsen eine Leistung von ca. 300 m^3/h bringt.

57

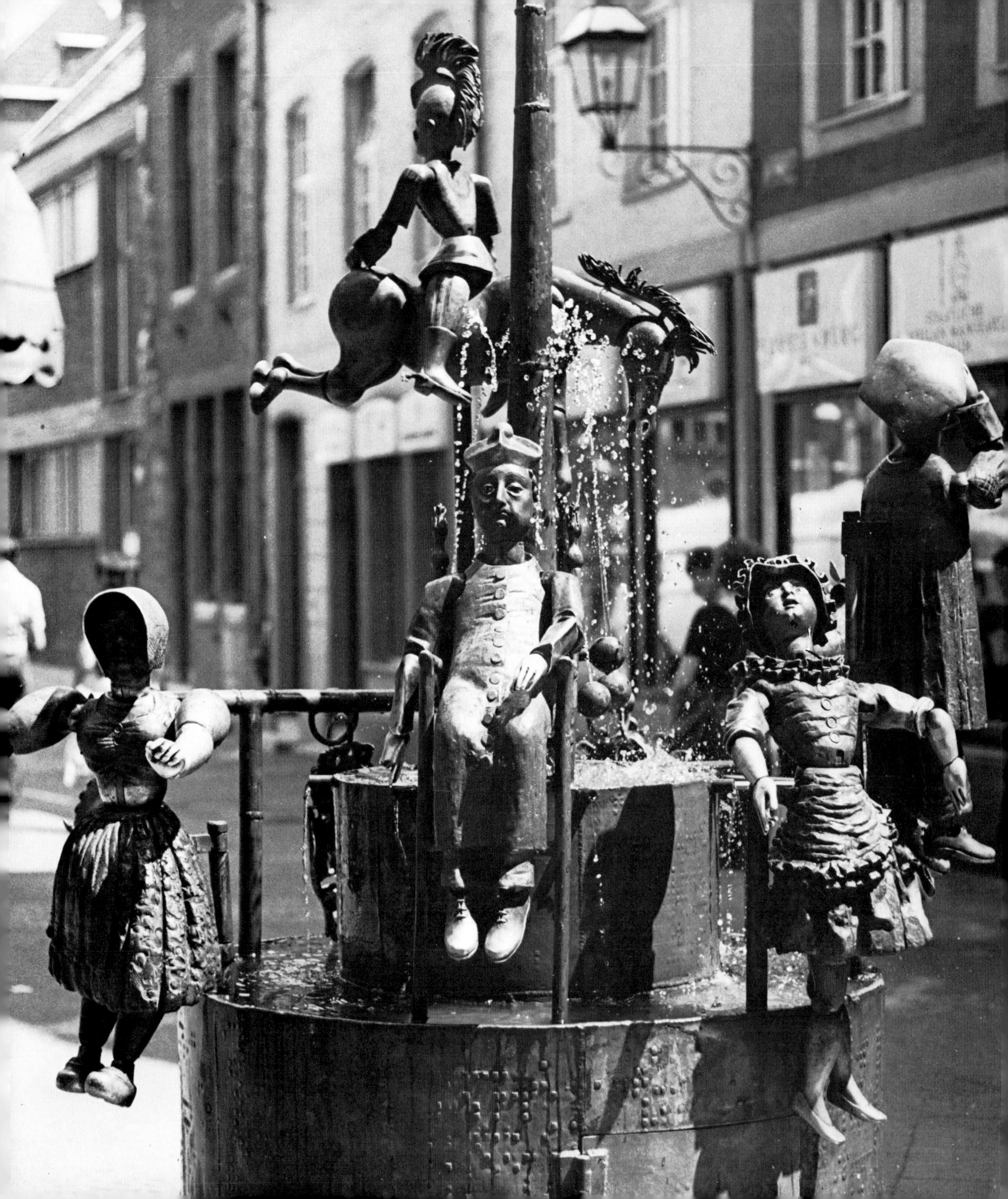

Kunstobjekte

Das Kunstwerk im öffentlichen Raum nimmt eine Sonderstellung ein. Es unterscheidet sich wesentlich von plastischen Kunstwerken, die man gewöhnlich im Museum zu sehen bekommt. Während man eigens Museen oder Galerien aufsucht, um sich eine Aufstellung anzuschauen und sich die Zeit nimmt für Anfahrt und Verweildauer, sich auf den Besuch unter Umständen freut und vorbereitet, Eintritt bezahlt und geneigt ist, Geld für einen Katalog auszugeben und sich in seinem Verhalten ganz auf die Wahrnehmung ästhetischer Reize konzentriert, sich z. B. leise verhält und rücksichtsvoll, wird man mit Kunstwerken im öffentlichen Stadtraum tagtäglich konfrontiert, ob man will oder nicht. Man muß die Objekte nicht einmal bewußt wahrnehmen, um deren Einfluß zu spüren. Zumindest nehmen sie Raum ein, verstellen den Weg. Der Bürger ist gezwungen, sie zu umgehen auf seinem Weg ins Büro, zum Parkplatz oder Kaufmann. Man denkt nicht an Kunst und muß sich doch ständig mit ihr auseinandersetzen. Es bleibt nicht die Freiheit der Auseinandersetzung wie für eine ähnliche Figur des gleichen Künstlers im städtischen Museum. Aus dieser Tatsache läßt sich sicher der Unmut mancher Bürger über moderne Kunstwerke erklären. Sie werden zwangsläufig mit Dingen konfrontiert, die ihnen nicht gefallen, die sie nicht verstehen, zu denen sie nicht in irgend einer Form Zugang finden können. Das soll nicht heißen, daß Kunstwerke im öffentlichen Raum so einfach und naiv sein sollen, daß jedermann sie verstehen kann. Eine bewußtere Auseinandersetzung mit Kunst setzt stets einen gewissen Grad an Bildung und Erfahrung voraus, Ruhe und konzentrierte Beobachtung, also einen Rahmen, wie er z. B. im Museum gegeben ist.

Der Straßenraum wird durch unendlich viele Aspekte bestimmt und das Kunstwerk als Gestaltungselement eignet sich z. B., um besonders wichtige Punkte im Stadtbild zu markieren, hervorzuheben, um auf Dinge hinzuweisen oder auch zu erinnern, gemahnen, warnen oder zu erfreuen. Für die ästhetische Gestaltung Hinweise zu geben, wäre töricht. Das Zeichensetzen gehört zu jenem Freiraum in einer sonst so festgesetzten Stadtgestaltung, daß wir alles tun müssen, um hier eine Beschneidung zu verhindern. Und doch können einige Aspekte aufgezeigt werden, die bei der Planung eines Kunstwerkes auf Straßen und Plätzen zusätzlich berücksichtigt werden sollten. Man darf verlangen, daß der Bürger irgend etwas mit dem Objekt anfangen kann, das auf seinem Weg liegt, dem er täglich begegnet. Wenn ihm der rasche Zugang zum Verständnis des Kunstwerkes selbst verwehrt ist, so sollte es andere Wege der Annäherung geben. Auf jeden Fall muß vermieden werden, daß die Nutzung des Objektes ausschließlich über die ästhetische Wahrnehmung funktioniert. Es genügt oft schon, wenn es auch für andere Dinge nutzbar gemacht werden kann. Wenn es z. B. an einem Standort vorgesehen ist, an dem man sich treffen kann, oder wenn Vorsprünge da sind, auf die man sich setzen kann. Ideal wäre es jedoch, wenn man sich dem Objekt auch spielerisch nähern kann, d. h. wenn Kinder bereits einen Zugang zu ihm finden in einem Alter, da sie noch keinen Sinn für Kunstbetrachtung entwickelt haben und noch alles anfassen, ausprobieren, verändern und bewegen müssen. Können Kinder mit einem Kunstobjekt so umgehen, dann verstehen es auch die Erwachsenen etwas besser.

Diese Unterstützung gewährt das fließende Wasser, wenn es mit einem Kunstobjekt in Verbindung gebracht wird. Die besondere Vorliebe des Menschen für dieses lebendige Element überträgt sich auch auf das Objekt, das damit gestalterisch in Zusammenhang gebracht wird. Es scheint also, als würde fließendes Wasser den Dingen menschlichere Züge verleihen.

Aachen, Krämerstraße
Puppenbrunnen
Bonifazius Stirnberg, 1975

Als eines der schönsten Beispiele von Kunstwerk im öffentlichen Raum, das von den Bürgern begeistert angenommen wird und all jene Aspekte berücksichtigt, die hier angesprochen werden, kann der Puppenbrunnen in Aachen (S. 58–61) gelten. Im Kreuzungspunkt zweier ohnehin enger Gassen wird der Weg durch ein Kunstwerk verstellt, das wie ein Anziehungspunkt wirkt und selbst den, der sich in seinem schnellen Gehen nicht aufhalten lassen möchte, einen Augenblick verweilen läßt. Immer sind irgendwelche Menschen damit beschäftigt, die Glieder der bronzenen Puppen zu bewegen, ihnen eine neue Stellung zu verleihen, eine andere Anwendung auszuprobieren. Und wenn sie schon nicht selbst Hand anlegen, so freuen sie sich über das Spiel der anderen. Damit das Ganze nicht zu einem totalen Spielzeug gerät, ist geschickt fließendes Wasser in die Szenerie eingebaut. Puppen, Masken und der angesprochene Bürger scheinen es gleichermaßen zu respektieren. Es schafft die notwendige Distanz nach einer all zu hastigen und übermütigen Ergreifung der Dinge. Man macht sich naß, spürt die Kühle und achtet plötzlich wieder auf andere interessante Details, verfolgt den Wasserlauf, nachdem die kleinen Fontänen sich im ersten Becken sammeln, versucht nach und nach im wörtlichen Sinne das gesamte Werk zu begreifen.

Wasser stellt hier den stabilisierenden Faktor dar. Wann immer man auf das Kunstwerk stößt, stets hat es ein anderes Aussehen durch die unendlichen Variationsmöglichkeiten seiner bewegten Teile, doch immer plätschert das Wasser in gleicher Weise. Und dieses Wasser übernimmt auch nachts eine zusätzliche Funktion. Zu Füßen des Objekts lassen sich zwischen den Entwässerungsrippen Düsen einschalten, die das gesamte Objekt mit Wasserstrahlen einbetten und das handgreifliche Spiel erschweren. Das Objekt kommt zur Ruhe, die Anwohner können schlafen und die stillen Figuren glänzen und glitzern unter den perlenden Wassertropfen.

Bei der Gestaltung von Kunstobjekten kann das Wasser eine ganz andere Bedeutung wie bei den Wasserobjekten erhalten. Die Rollen sind vertauscht, hier dient es und unterstützt eine bestimmte Aussage, trägt Bedeutung mit. Oder aber das Wasser wird als wirkliches Element angesehen und auch so eingesetzt, als Fluß beim Rattenfänger von Hameln (S. 84) oder aber als giftige Brühe aus dem Schwanz des „Bahkaufs" in Aachen (S. 81). Die „Elwefrische" spucken Wasser (S. 87) und Wasser fließt über die Blattpflanzen eines angedeuteten Teiches (S. 75).

Wasser als Wirklichkeit? Nicht in der wahren Konsistenz, sondern gefiltert und mit Chemikalien angereichert, aber für ein Bild scheint es zu genügen, unsere Vorstellung wird angeregt. Das Kunstwerk wird faßbarer, belebter, es wird nicht nur fester in sein Umfeld gebunden, es ist auch leichter verständlich. Wasser kennt jeder, könnte man sagen. Dies trifft besonders zu bei Objekten, die kein reales Abbild darstellen, weder Menschen, Pflanzen noch Tiere. Alle Künstler, die eine abstrakte Formensprache bevorzugen, haben es schwerer, ihre Objekte dem Bürger nahe zu bringen. Es sei denn, sie stellen eine Verbindung über das Wasser her.

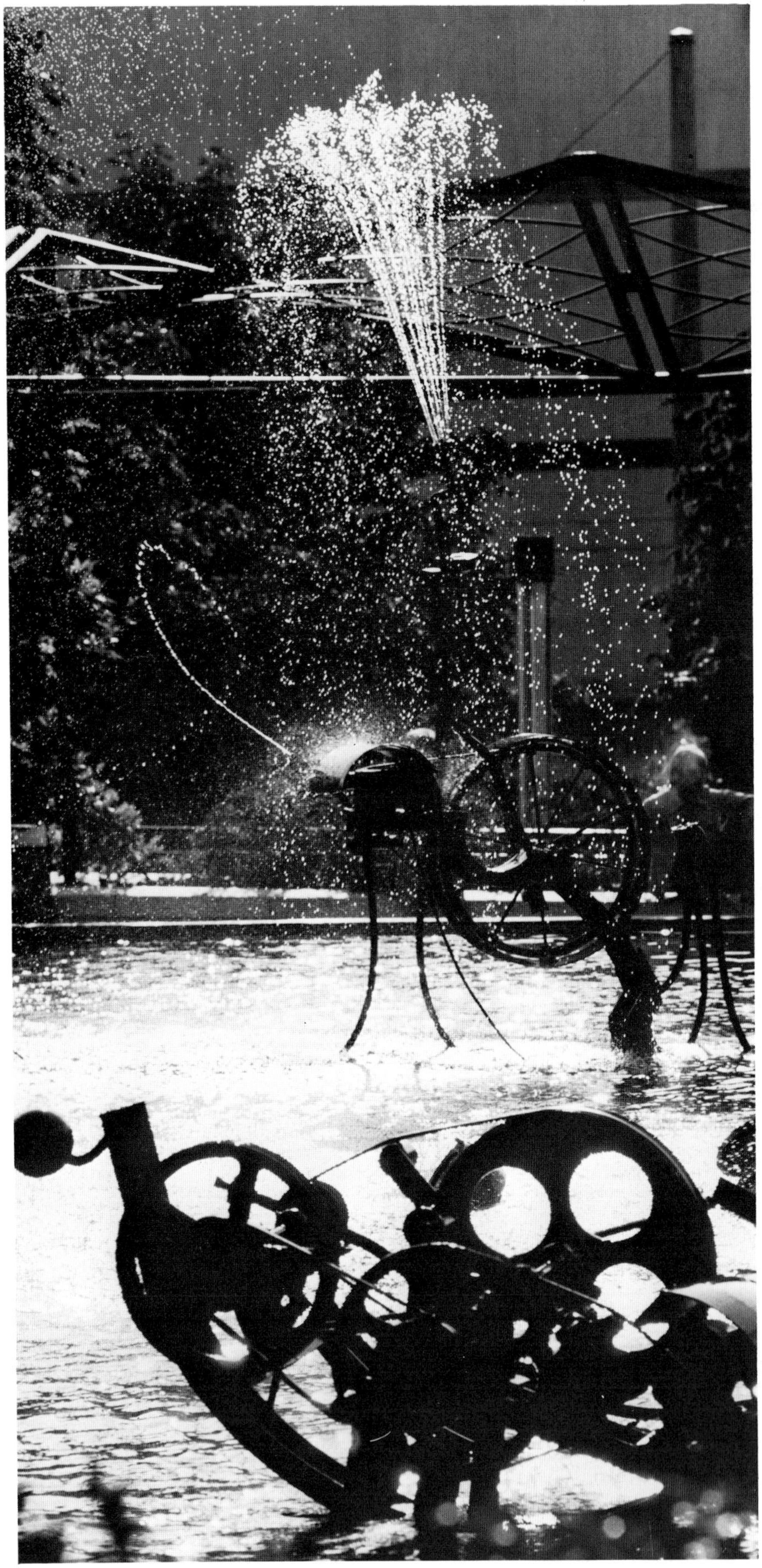

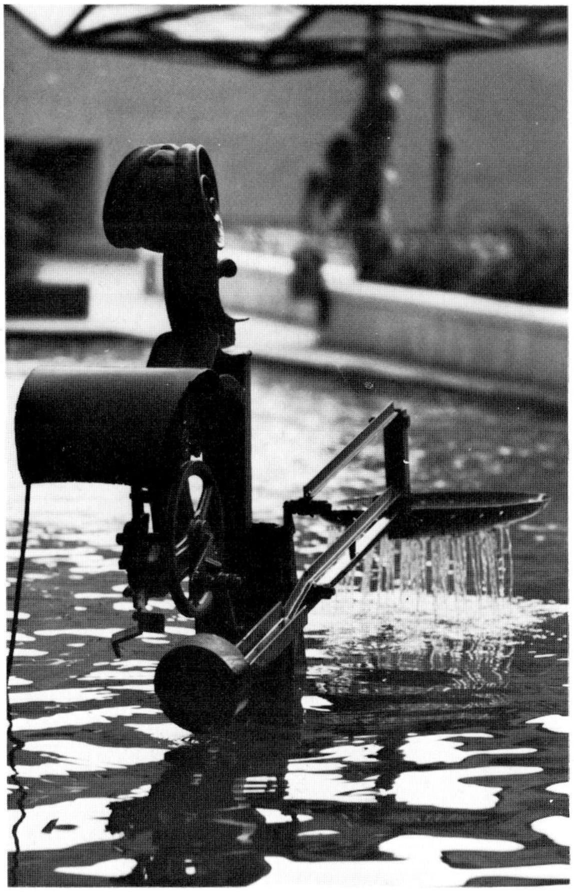

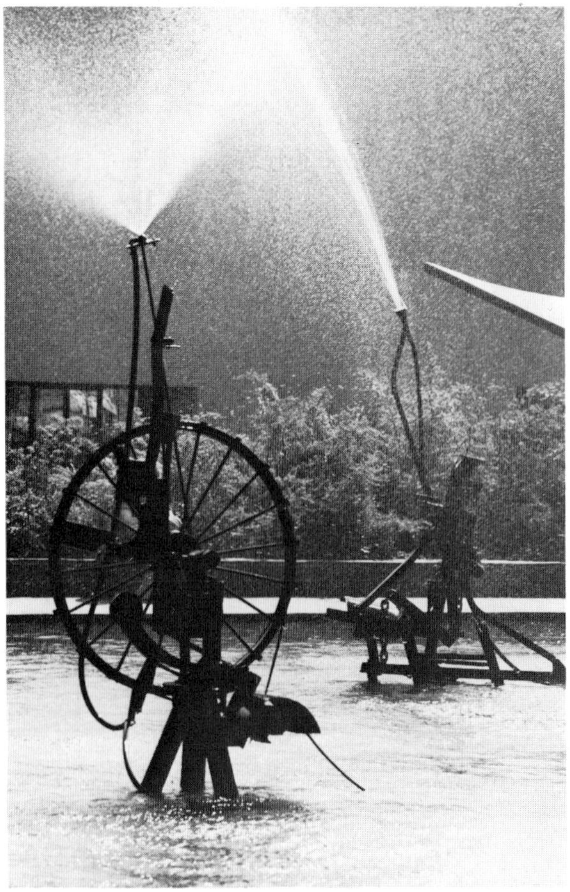

Basel, Stadttheater
Fasnachtsbrunnen
Jean Tinguely, 1977

Selten ist das Spielerische, Fröhliche und Muntere, das Wasserobjekte auszeichnet, für die heutige Zeit ideenreicher und phantasievoller umgesetzt worden. Alle Möglichkeiten der Äußerung mit Wasser sind ausgeschöpft durch ein ausgetüfteltes Schreibgerät, das in der Wassersprache und durch Wasserzeichen der reinen Lebensfreude allen verständlich Ausdruck verleiht.
Die plastischen Elemente aus Alteisen sind sandgestrahlt und mit Teerepoxydfarbe behandelt.

64

Mannheim, ÖTV-Gebäude
Wasserfänger
Gernot Rumpf, 1978
Architekt: Helmut Striffler

Durch diese phantasievolle Plastik ist nicht allein eine besondere Stelle eines Verwaltungsgebäudes hervorgehoben und die Eingangssituation herausgestellt worden, das Kunstwerk übernimmt gleichzeitig eine weitere Funktion. Es fängt das anfallende Regenwasser der Vordächer auf und führt es über seinen Bronzekörper in den Boden ab, mit dem die Plastik bereits gestalterisch eng verbunden ist. Im Kreislauf des Wassers wird durch das Kunstwerk der Punkt kenntlich gemacht, an dem es als Regen wieder den Boden berührt und auf die Lebewesen trifft, die es dringend benötigen. Das Pflanzenhafte der sich aufreckenden Skulptur und das Runde, Geschlossene ihrer tieferen, dunkleren Zonen erscheinen als Gebärde des Wachsens und Vergehens.
An dieser Stelle sorgt eine kleine Pumpe für einen ständig fließenden Wasserstrom, der die Bedeutung des Kunstwerkes auch ohne Regen unterstreicht.

Herten, Schwimmbad
Säule, vegetative Form
W. Wien, 1969

Form und Symbolsprache der Säule tauchen in Verbindung mit Wasser in den verschiedensten Variationen auf und vielfältig sind auch die Aspekte des Wassers, die sich durch ihre besondere Formgebung vortragen lassen. Hier wird der seidige Glanz vorgestellt, den Wasser erzeugen kann, wenn es über glatte Materialien wie Bronze geführt wird. Eine an allen Stellen runde Gestaltgebung unterstützt diesen Eindruck, der sich nachts bei Beleuchtung noch verstärkt.

Kerkrade
Säulengruppe

Materialien, vor allem Naturstein wie Granit, scheinen zu schlafen, wenn sie trocken sind und Straßenstaub sie bedeckt. Läßt man aber Wasser darüber gleiten, entfaltet das Gestein eine farbenfrohe und nuancenreiche Lebendigkeit. Durch geschicktes Einbuchten lassen sich in einer Säulenplastik nicht nur interessantere Lichtwirkungen erreichen, weil jetzt Schattenflächen das Kunstwerk durchsetzen und ihm Räumlichkeit verleihen, an diesen Stellen reißt auch der Wasserstrom ab und bringt nach eigenen Gesetzen bestimmte Stellen zusätzlich zum Leuchten.

Köln, Schildergasse
Säule
Josef Jäckel, 1972

Bei dieser Säule wird Wasser so dicht am Material (geschliffener Granit) geführt, daß es wie ein Film wirkt und das Fließen nicht mehr mit dem Auge wahrzunehmen ist. Man muß die Hand zu Hilfe nehmen, um das Werk zu „begreifen".

Mönchengladbach, Marktplatz
Wassersäule
Herich

Es wird der Eindruck erreicht, als würde das Wasser aus der Basaltsäule gequetscht, als würde der Stein erweckt. Sinn und Bedeutung des Bildes läßt sich auf den ersten Blick nicht erklären. Es werden jedoch unbewußt vollzogene, alte Erfahrungen angesprochen, das Bersten einer Leitung, das sich Leeren eines Topfes, der einen Riß hat. Das Kunstwerk im öffentlichen Raum hat die Aufgabe, auch solche Empfindungen bildhaft vor Augen zu führen.

Bad Godesberg, Fußgängerzone Theaterplatz
Brunnen mit Trinkbrunnen
Hans-Karl Burgeff, 1976

Heidelberg, Marstallhof
Kunstobjekt mit Wasser
E. Meyer, 1979

Für den zufälligen Besucher sind es Figuren, zu Schattenrissen erstarrt, geordnet, vereint, um eine Mitte geschart, die etwas zu sagen, zu rauschen hat in der Wassersprache. Für den, der täglich den Ort streifen muß mit einem kleinen Umweg, der stets Aufmerksamkeit erzwingt, bedeutet die Gestaltung laufend einen Anlaß zum Fragen. Dann erfolgen stets neue Antworten, so vielfältig sind die verschiedenen Gestalten und das Wasser spiegelt und umspielt sie beständig dazu.

Düsseldorf, Martin-Luther-Platz
Kugel
Friederich Werthmann, 1964

Ist es die Erde oder ein Wasserball? Fragen werden durch die Gestalt der Kugel nicht beantwortet, auch wenn man ihr einen eigenen Namen geben würde. Es werden neue Fragen aufgeworfen in einer Sprache, die eher die menschlichen Sinne anregt. Und man wird bei dem Schauspiel auf Distanz gehalten durch ein Halbrund, auf dem das Wasser abläuft. Die Kugel besteht aus geschweißten Edelstahlelementen. Fünf Düsen zerstäuben in ihrer Mitte 15 m³ Trinkwasser in der Stunde.

72

Neustadt an der Weinstraße, Kartoffelmarkt
Paradiesbrunnen
Gernot Rumpf, 1974

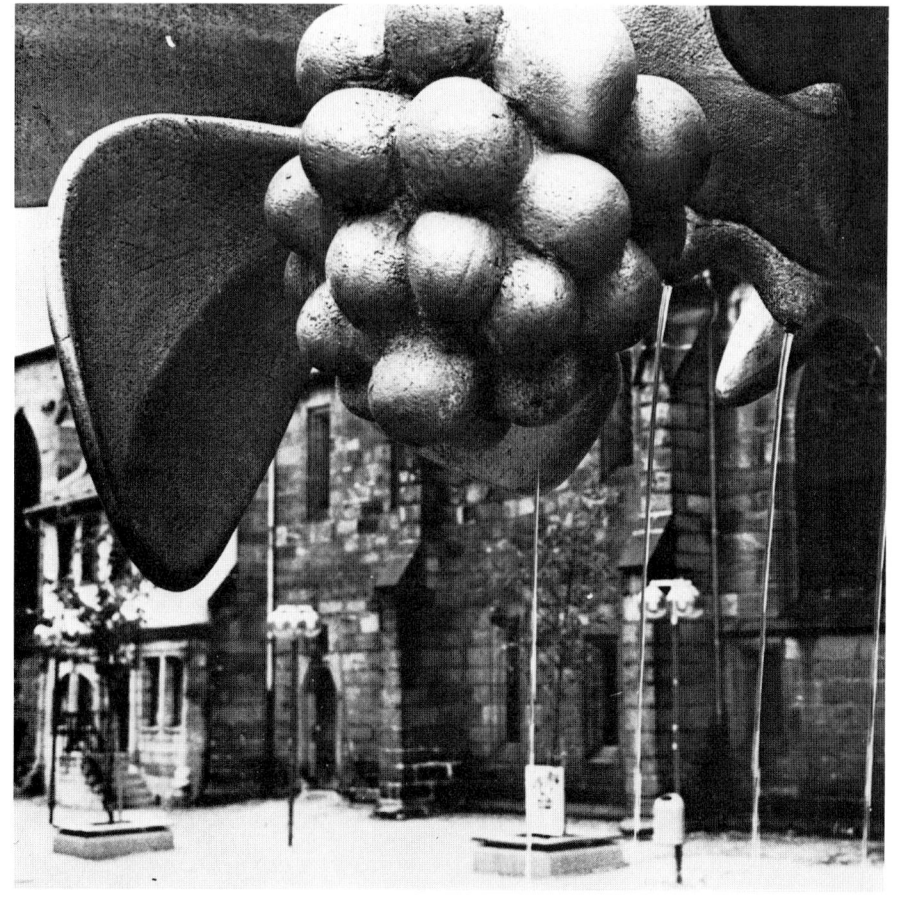

Ein Lebensbaum, das kann man nach und nach aus den Details schließen. Ein Mann, eine Frau, zum Baum zusammengewachsen, tragen gemeinsam die schweren Früchte, spenden den Regen und sind doch voneinander getrennt, denn sie berühren sich nur mit dem Rücken. Die Schlange und der Apfel liegen seitlich am Rand. So sieht es der Reisende vor den alten Fassaden. Das Wasser ist, was es verspricht, lebendig, trinkbar aus all den vielen Strahlen. Die Blätter aus Aluminiumguß sind dagegen Symbole und füllen doch stärker als je der natürliche Bewuchs in ihrem Ausdruck den ganzen Platz.

Herten, Kranzplatte
Sitzbrunnen
W. Wien, 1979

Betretbares Wasser im Zentrum einer Stadt, an einer besonderen Stelle, „Kranzplatte" genannt, früher wichtiger Kreuzungspunkt verschiedener Straßenbahnlinien und jetzt Fußgängerzone. Das Straßenpflaster ist in die Anlage hineingezogen, eine Bronzesäule markiert die wichtige Stelle, läßt eine Annäherung zu durch die Anordnung der gebogenen Sitzelemente aus Beton, und lädt gezielt zur Berührung ein mit dem Naß und zum Gespräch.

Hannover, Fußgängerzone Passerelle
Ständehausbrunnen
Emil Cimiotti, 1976

Hier wird mitten in der steinernen City ein Teich zitiert, ein Tümpel mit großen Blattpflanzen, die jeder schon einmal gesehen hat. Sie scheinen zu riechen, so genau sind sie teilweise ausgebildet, naturgetreu bis in die kleinsten Adern. An anderer Stelle wird nur der Umriß des Blattes gezeigt und das Wachs schaut durch, jenes Material, aus dem die Form gemacht wurde, bevor sie in Bronze gegossen wurde. Es werden Erinnerungen an das Symbol und das Bild der Schöpfung geweckt, bei der die Welt und die Pflanzen auch geformt wurden. In der Nähe dieses Objektes findet man die meisten Passanten. Sie sitzen dicht am Wasser, um alles, was sie sehen auch hören zu können, und lassen es wortlos auf sich wirken.

DEUTSCHLAND
XANTEN
CHINA
INDIEN
CHINA
PERSIEN

DEUTSCHLAND
BAYERN
DEUTSCHLAND
IGGENSBACH
JAPAN
ETRUSKISCH
ITALIEN
ROM

Mainz, Kultusministerium
Glockenbaumbrunnen
Gernot Rumpf

Zwischen den Hochhäusern einer Verwaltung, von vielen Stellen einsehbar, steht eine Bronzeplastik und appelliert an die Sinne derer, die hier tagaus tagein arbeiten müssen und warten. Wenn leichter Wind weht, klingt es in verschiedenen Landestönen und jeder an seinem Platz wird an den Baum erinnert, er muß ihn gar nicht erst sehen. Das Kunstwerk verträgt aber auch die Annäherung. Wenn man es besser verstehen möchte, gibt es weitere Erklärungen ab, die den Zugang erleichtern helfen. So läßt sich der Klang einer Glocke mit einem Land in Verbindung bringen. Informationen hierzu sind im Boden eingelassen. Man kann sich die Form der Plastik auch als eine Art Windharfe vorstellen. Und Wasser fließt ständig, das läßt sich anfühlen. Jede weitere Frage nach dem Sinn und Woher wird durch die Gestalt selbst beantwortet, durch die liebevolle Ausbildung bis ins Detail, die Augen, Ohren und Hände beschäftigt. Und man findet schließlich die Stelle in sich selbst, zu der dieser Glockenbaumbrunnen paßt.
Im Gegensatz zu der in allen Punkten eintönigen und gleichen Fassade im Hintergrund, findet sich im Kunstwerk ein Ansatzpunkt, mit dem man sich als Mensch an dieser Stelle identifizieren kann.

Mannheim
Blumenpeter
Dehof

Eine Nische im Straßengeschehen zum Ausruhen, Bänke, schützende, duftende Büsche, schattenspendende Bäume und ein Steintisch aus Granit mit Wasser, um die Hände zu kühlen, das Fließen ganz aus der Nähe zu erfahren und um damit zu spielen. Die Bronzefigur am Rand, mit einer ausgestreckten Hand, die nahelegt, etwas hineinzulegen, eine Blüte vielleicht, läßt den Besucher nicht allein, regt ihn zum Handeln an.

Aachen, Ursulinerstraße
Kreislauf des Geldes
Henning Seemann, 1977

Der Kreislauf des Geldes wird im Kunstwerk durch eine Reihe von Bronzefiguren dargestellt, die auf dem Betonrand einer Wasserfläche stehen und sich wie jedermann mit Geld beschäftigen, es zählen und feilschen. Die Wasserfläche in der Mitte beschreibt ebenfalls eine kreisende Bewegung. Man möchte das alles näher betrachten und reiht sich so ein in den Kreis der lebensgroßen Gruppe. Eigene Gebärden, Haltungen und Absichten werden in den Zügen der Figuren und in der Wasserfläche widergespiegelt.

Bad Bergzabern, Kreissparkasse
Brunnen „Südliche Weinstraße"
Gernot Rumpf, 1977

Phantasievolle Bronzefiguren im Weinland Pfalz. Sie sitzen im Nassen, schauen sich an, spritzen, zeigen dem Betrachter ein exotisches, zunächst fremdes Bild. Doch bei näherem Hinsehen bietet sich dem Interessierten die Möglichkeit, in eine der Masken hineinzuschlüpfen und schon schaut das Tier aus uns heraus. Laufendes Wasser beschwört ständig, daß alles wahr ist, was man sieht.

Aachen, Büchel
Bahkauv
Kurt-Wolf von Borries, 1967

Der Bahkauv war ein Fabelwesen, das die Zecher zu später Stunde erschreckte. Das könnte die Bronzeplastik auch heute tun mit Zischen und Gestank, wenn man sie an eine der schwefelhaltigen Quellen unter dem Platz anschließen würde, statt ständig Wasser umzuwälzen, das bei diesem Objekt immer wieder zum Trinken verleitet. Das heilsame Wasser würde aus dem Schwanz dampfen und die Plastik könnte in gleicher Weise auch im Winter wirksam bleiben.

Maastricht, Vrijthof
Figurenbrunnen „Haltet Euch fest"
Franz Gast, 1978

Kunstvoll ausgebildete Bronzefiguren, charakteristisch gezeichnet, formenreich, kleinteilig durchgestaltet, rundum interessant, erzählen eine Geschichte, die jeder versteht: „Haltet Euch fest!" Das Wasser steht hier als Symbol für die Unbilden der Welt.

Mainz, Schillerplatz
Fasnachtsbrunnen
Blasius Spreng, 1967

Vielfalt, wie sie die Natur als Maßstab vorstellt, zeichnet dieses Kunstwerk aus. Jede kleine Bronzefigur ist durchgestaltet und im Detail noch deutlich erkennbar. Als Motiv ist das Fasnachtstreiben gewählt, das in seinen traditionellen Erscheinungsweisen ähnlich vielfältig ist und sich auch als eine Form mit ganz bestimmten Gesetzmäßigkeiten bis auf den heutigen Tag durchgesetzt hat. Wie sehr werden bei diesen Maskeraden alle Sinne angesprochen und damit interessant gemacht für eine breite Bevölkerungsschicht. Mit vergleichbaren Mitteln arbeitet das Kunstwerk im öffentlichen Raum. Auch hier ist es die vielfältige Anregung der Sinne durch Gestaltungsreichtum und durch Wasser, die das Kunstwerk so verständlich und beliebt macht.

Hameln, Rathausplatz
Rattenfängerbrunnen
Karl-Ulrich Nuss, 1975

Wasser kann auch ganz deutlich als einsehbar reales Element eingesetzt werden, wenn es z. B. wie beim Rattenfängerbrunnen in Hameln an der Weser Bestandteil eines Denkmals wird, zur bildhaften Umsetzung und Interpretation einer weltbekannten Sage, die jeder schon einmal gehört hat, ehe er den Ort des Geschehens selbst besucht. Wasser wird hier als Symbol für Wasser, für den Fluß, eingeführt. Mit dem literarischen Stoff der Sage liegt unbewußt auch eine Vorstellung über das alte Stadtbild vor mit dem Fluß, der Weser, die man bei einem Rundgang durch die Altstadt gern bestätigt wissen möchte. In diesem Zusammenhang muß auch die Gestaltung eines Kunstobjektes gesehen werden als ein ideales Mittel, symbolische Zusammenhänge zeitgemäß zu verdeutlichen. Leider liegt der Brunnen nicht in der alten Stadtmitte zwischen den Fachwerkhäusern und den Sandsteinfassaden der Weser-Renaissance, wo man ihn eigentlich erwartet, sondern am Rande der Altstadt, wohin sich selten ein Besucher verirrt.

Heidelberg, Karlsplatz
Sebastian-Münster-Brunnen
Michael Schoenholtz, 1978

Mitten in der Stadt, auf einem Platz, der für Veranstaltungen verschiedener Art geeignet ist, steht ein Kunstwerk mit Wasser, nimmt an zentraler Stelle viel Raum ein, kann und muß, was auch immer passiert, angeschaut werden. So ein Objekt sollte von möglichst vielen Bürgern verstanden werden. Das Wasser hilft dabei, umfließt in verschiedenen Ebenen die Bronzeplastik, läßt neue Annäherungen zu, die sich durch die Einbeziehung vom Kleinpflaster des Platzes in die Anlage anbietet.

86

Neustadt a. W., Marstallplatz
Elwedritsche-Brunnen
Gernot Rumpf, 1979

Geschichten aus dem Volksmund sind Bestandteil der Kultur einer Landschaft, sie gehören allen und müssen gepflegt und weitererzählt werden, wenn sie nicht verloren gehen sollen. Das kann auch in Form der Bildsprache eines Kunstwerkes geschehen. Man wünscht sich wie bei diesem Beispiel, daß die gewählte Formensprache dann auch von allen verstanden wird, verschiedene Interpretationen zuläßt und beim Wiedersehen immer noch neue Eindrücke vermittelt. Die phantastischen Elwedritschevögel, die nach den Erzählungen der Pfälzer nachts mit Laterne und Sack gefangen werden müssen, sind in den vielfältigsten Variationen dargestellt und mit zusätzlichen Ideen ausgestattet, die dazu beitragen, ganz spontan eine Stelle im Kopf oder im Herzen zu finden, die den Zugang zu diesem Kunstwerk erleichtert. Wasser spielt bei diesem Prozeß eine bedeutende Rolle. Es wird in allen Erscheinungsformen vorgeführt und greift über die gesamte Anlage hinaus, indem es an bestimmten Stellen über den Rand geführt wird. Eine Bronzefigur steht draußen auf dem angrenzenden Bodenbelag und wird von einer anderen von innen spöttisch bespuckt, so als würde hier die Rolle des Betrachters durchgespielt, der sich in einer der vielen Figuren wiederfindet. Und kaum ist man sich dieser eigenen Darstellung bewußt, macht der außenstehende Vogel genau das, was man selbst tun würde, er spuckt zurück. Es bleibt hier alles nicht nur beim Bild, das durch Wasser angenehm durchflutet wird, sondern es kommt Aktion hinein. Die vollbusige Mutter all dieser lustigen Vögel spuckt ein reines Naß, das man trinken und das beim berühmten Winzerfest auch in 300 l frischen Wein verwandelt werden kann. Mit Ironie, Witz, Anspielung und vielschichtiger Symbolik wird der Betrachter sehr sinnenhaft als Mensch angesprochen.

Der Brunnenrand ist aus Sichtbeton und die Beckenfläche in Porphyrkleinpflaster lädt bewußt zum Betreten und Bespielen ein.

87

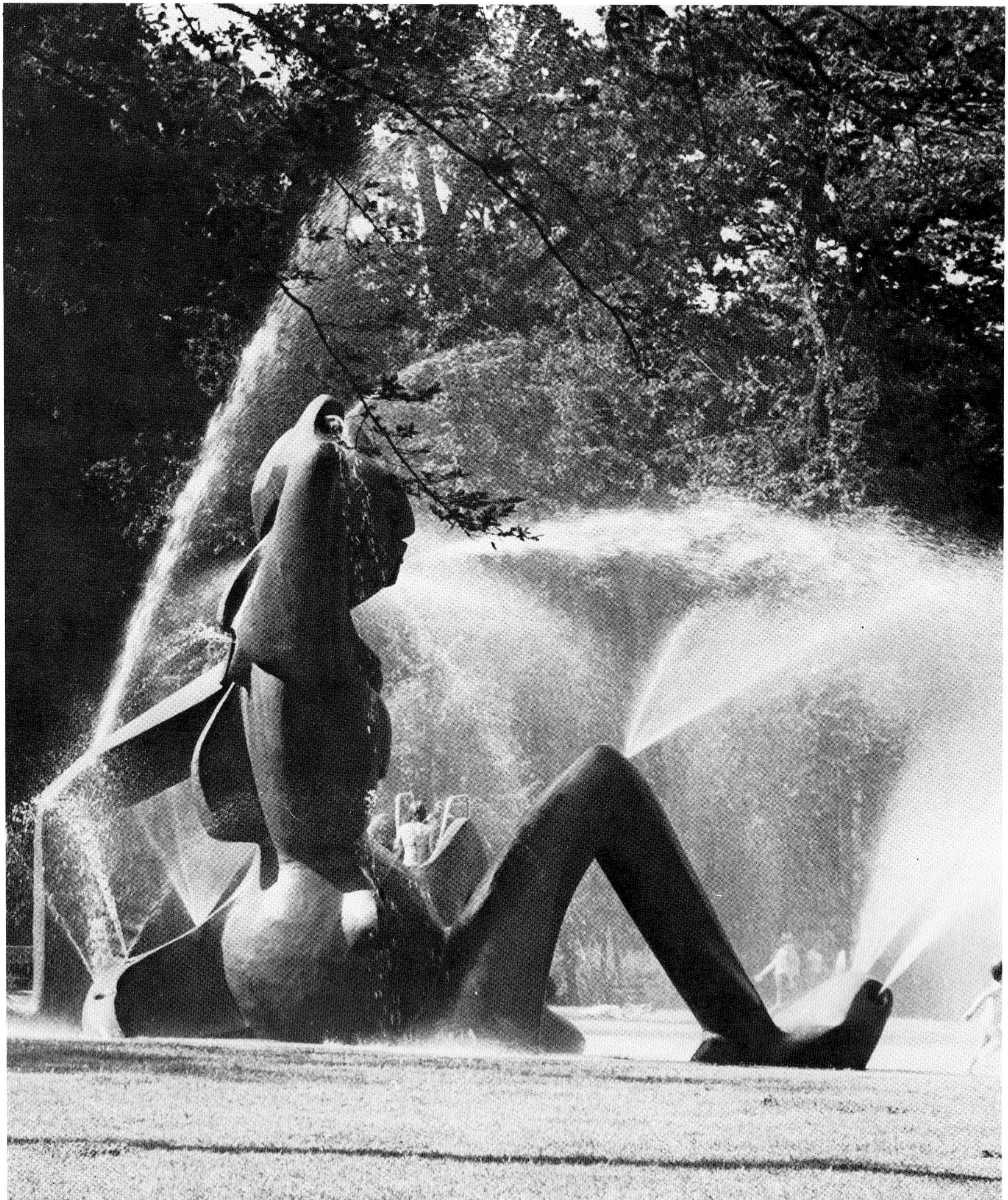

Spielobjekte

Die Frage ist berechtigt, ob bei der Gestaltung mit Wasser im Stadtbild für Kinder eigene Spielobjekte angeboten werden müssen.

Wasser, so scheint es, ist in jeder beliebigen Form spielanregend und hat auf Kinder eine faszinierende Wirkung. Wahrscheinlich die gleiche wie auf den Erwachsenen, nur stehen diesem eine ganze Reihe von Verhaltensweisen offen, sich mit dem Medium Wasser auseinanderzusetzen. Ihm genügt oft schon der interessante Anblick von sprudelndem Wasser, während Kinder in einem bestimmten Alter gar nicht anders können, als sich spielend die Welt zu erobern. Und das bedeutet handelnde Auseinandersetzung mit dem realen Objekt: Anfassen, Ausprobieren, Variieren, Strapazieren, Verändern, Besteigen, Klettern usw. Muß man Kindern den spielenden Umgang mit den Gestaltungselementen öffentlicher Bereiche verbieten, weil diese z. B. zu gefährlich sind oder weil man so nicht mit den Einrichtungen umgeht, wird ihnen in einem entscheidenden Alter der Zugang zu wesentlichen Aspekten unseres täglichen Lebens verwehrt. Sie lernen frühzeitig angepaßtes Verhalten, ihre kreativen Anlagen verkümmern, und im entscheidenden Moment, wenn von ihnen Mitdenken, Toleranz, Entscheidungsfreude und Verantwortungsbewußtsein oder alternative Lösungswege bei alltäglichen Problemen erwartet werden, müssen sie zwangsläufig scheitern, weil sie dieses Verhalten nicht eingeübt haben zu einer Zeit, da sich ihnen die ganze Welt als ein Spielfeld darstellte. Zu früh mußten sie erkennen, daß ihre kleine Welt, die Stadt, aufgeteilt ist in verschiedene Bereiche, die durch unterschiedliche Verhaltensweisen und Nutzungen gekennzeichnet sind. Für sie zerfällt diese zunächst in eine bespielbare und eine unbespielbare Seite. Und da sich die Differenzierung und Spezialisierung so trefflich im Verkehr und in der Arbeitswelt bewährt hat, wendet man sie auch auf die Gestaltung des Stadtbildes an und weist z. B. den Kindern eigene Flächen zu, auf denen sie alleine spielen dürfen und müssen und bestückt diese noch dazu aus Sicherheitsgründen mit den langweiligsten Geräten, die man sich vorstellen kann. Aber auch die anderen, die verbotenen Flächen, geben nicht mehr viel her zum Spielen. Mit der zunehmenden Einfallslosigkeit unserer Städte verkümmert auch die Entwicklungsfähigkeit der Kreativität bei Kindern, die auf eine humane, das heißt anregende und bespielbare Umwelt geradezu angewiesen sind. So muß mit jedem neuen Planungsschritt wieder die Frage gestellt werden dürfen, ob der Planer dafür Sorge getragen hat, daß der entstehende öffentliche Raum auch bespielbar wird an jeder Stelle und nicht nur an ein paar vorgezeichneten und entsprechend hergerichteten Punkten.

Da dies höchst selten geschieht, fragt man nach den Planungszielen für all jene Bereiche, die z. B. in Form von Fußgängerzonen überall entstehen. Steht der Mensch im Mittelpunkt eines Gestaltungsideals, so ist zu fragen, welche Vorstellung man von ihm, seinen Wünschen und Vorstellungen hat, wenn man ihm diese ewig gleichen und farblosen öffentlichen Bereiche anzubieten wagt?

Ist es da nicht einfacher, sich aus der Zielgruppe Bürger als Benutzer öffentlicher Einrichtungen, und das ist schließlich jeder, jene Gruppe auszuwählen stellvertretend für alle anderen, die noch nicht oder nicht mehr für ihre eigenen Interessen eintreten kann?

Gemeint sind Kinder und alte und behinderte Menschen. Sie haben keine Lobby und sind angewiesen auf das Mitfühlen und Mitdenken ihrer leistungsfähigen Mitbürger im besten Alter.

Um den Begriff einer humanen Stadtgestaltung nicht ad absurdum zu führen, sollten die Grenzen oder der Rahmen zukünftiger Gestaltungskriterien auf der einen Seite durch das Kind und auf der anderen durch den in seiner Leistungsfähigkeit beschränkten alten Menschen bestimmt werden.

Das Kind als Maßstab für die Gestaltung öffentlicher Bereiche, dies wäre eine exakte Definition für die Ziele einer humanen Stadtgestalt.

Frankfurt-Schwanheim
Wassermann auf Waldspielplatz
Reiner Uhl, 1977

Erfahrungsgemäß können auch Erwachsene mehr mit jenen Dingen anfangen, mit denen ihre Kinder gefahrlos spielerischen Umgang pflegen.

Wenn wir diesen Ansatz einmal auf die Gestaltung mit Wasser übertragen, werden von selbst alle jene Aspekte berücksichtigt, die bereits in den anderen Kapiteln besonders herausgestellt wurden. Das Wasser ist sauber, möglichst trinkbar bei geeigneten Objekten, es läßt sich berühren und verändern, es erscheint in den unterschiedlichsten Formen und läßt eine Vielzahl von Annäherungen zu.

Einige der schon zitierten Beispiele erfüllen diese Anforderungen zum Teil ideal. Erinnert wird an dieser Stelle nur an die Trinkbrunnen und Kunstobjekte. Natürlich wird es im Angebot einer Stadt immer wieder Bereiche geben, in denen die Wünsche der Kinder in besonderem Maße berücksichtigt werden. Planungen dieser Art müssen darum für den Erwachsenen nicht uninteressant sein.

Dieses Kapitel wird durch eine Gestaltung eingeführt, die der besonderen Vorliebe der Kinder für das Wasser entgegen kommt. Um den „großen Mann" aber richtig bespielen zu können, muß man schon die Badehose anziehen. Es ist also kein alltäglicher Umgang möglich, das Objekt stellt vielmehr einen Höhepunkt dar während eines Ausflugs z. B. bei sommerlichen Temperaturen. Dieser bietet dann aber alles, was man sich mit Wasser an Spielereien vorstellen kann.

Der Schulhof ließe sich als ein Stück öffentlicher Raum viel stärker auf die Bedürfnisse und Vorlieben von Kindern und Jugendlichen abstimmen. Als man nach weiterem Spielraum für Kinder in Ballungsgebieten suchte, sah man in ihm eine Restfläche, die sich nachmittags für das Spiel nutzen ließe. Erfahrungen haben aber gezeigt, daß der Schulhof kein Ersatz sein kann für fehlende Spielbereiche. Das plötzliche Interesse für die bis dahin ungenutzte Hoffläche machte aber auch deutlich, daß diese schon ihrer eigenen Funktion als Bereich für das Spiel in den Pausen nicht gerecht wurde. Man erkannte plötzlich, daß Schulhöfe öde, langweilige Flächen sind, mit denen man fast nichts anfangen kann und die man eigentlich kindgerechter gestalten sollte. Eine Zielsetzung für die Umgestaltung könnte es sein, diese als ein Vorfeld für das spätere Verhalten in anderen öffentlichen Bereichen anzusehen. Da hier die freie Formgebung noch nicht eingeschränkt ist durch Verordnungen, Normen und Gesetze, sollte die Chance genutzt werden, in diesem Bereich all jene Dinge auszuprobieren, auch unter Umständen zu erfinden, die den öffentlichen Raum einer Stadt menschlicher erscheinen lassen. Auf keinen Fall darf die Planung aber ohne die Schüler durchgeführt werden. Hier bietet sich eine gute Gelegenheit, an der Gestaltung von öffentlichen Bereichen die betroffenen und interessierten Nutznießer zu beteiligen. Man sollte außerdem keine endgültige Lösung anstreben und diese fix und fertig hinsetzen, sondern die Umgestaltung als einen fortwährenden kommunikativen Prozeß ansehen, der in den Unterricht mit einbezogen ist und sich nicht auf wenige Monate beschränkt. Das gute Verhältnis zur Vegetation kann auf diesem Wege ebenso vom ersten Schuljahr an eingeübt werden wie der normale Umgang mit Kunst im Stadtbild. Das Element Wasser spielt auch hier eine besondere Rolle. Wenn man aber wünscht, daß über dieses Gestaltungselement mehr Reiz und Anregung in das Stadtbild kommen soll, ein weiterer Hinweis darauf, wie sehr der Mensch von der Natur abhängig bleibt, dann ist es nötig, besonders junge Menschen schon recht frühzeitig an den normalen Umgang mit diesem wichtigen und teuren Element zu gewöhnen, das mehr als andere Objekte im Stadtbild der Pflege und Fürsorge, erst recht der Fürsprache in den Entscheidungsgremien einer Kommune bedarf. Die Schule ist nach der Wohnung jener Umweltbereich, durch den ein Kind in den entscheidenden Phasen seiner Entwicklungszeit geprägt wird. Dies geschieht meist unbewußt und setzt eine sinnliche, handelnde Auseinandersetzung mit den Elementen voraus. Gestaltung mit Wasser kann hierzu auf dem Schulhof wesentliche Erfahrungen einleiten.

92

Aachen, Elsaßplatz
Platzgestaltung mit Wasser
Benno Werth, 1978

Neue öffentliche Bereiche, zumal wenn sie weitgehend vom Verkehr freigehalten werden können, sollten an jeder Stelle auch bespielbar sein. Man kann das Spiel der Kinder auf Plätzen und in ungefährlichen Straßen überhaupt zum Maßstab für Gestaltung einführen, damit sich der Begriff „humane Stadtgestalt" wenigstens über eine besondere Gruppe von Bürgern genauer fassen läßt. Bei einer derartigen Zielsetzung gehört Wasser zwingend in den Kreis der Gestaltungselemente. Gerade Kinder werden vom Wasser angezogen, denn es unterstützt ideal ihren Drang, mit allen Sinnen die neue Umwelt Stadt zu erfahren. Bei diesem Beispiel werden sie mit den elementaren Ausdrucksformen der Gestaltung öffentlicher Bereiche konfrontiert und können auch selbst spielend darauf Einfluß nehmen.
Über eine quellende Bronzesäule wird das Wasser ringförmig durch abgetreppte Becken hinab in den künstlichen Bachlauf aus Basaltkleinpflaster geleitet.

Hameln, Marktplatz
Spielbrunnen
Wolfgang Kaiser, 1977

An einem wichtigen Punkt in der Altstadt, an einer Stelle, an der man als Besucher eigentlich den Rattenfängerbrunnen (S. 84) erwartet hätte, wird ein Spielbrunnen für Kinder angeboten, ein künstlicher Bach mit Quellen, verschiedenen Strömungen und Hindernissen. Er ist aus dem gleichen Kleinpflaster gestaltet wie die umliegende Platzfläche. Durch Schieber aus Bronze, die im Maßstab auf die Größe und Kraft von Kindern abgestimmt sind, läßt sich der Bachlauf stauen.

Krefeld, Girmesgath
Aquamobile auf Schulhof
Gottfried Gruner, 1976

Als Schüler bereits lernen die zukünftigen Bürger mit den Objekten öffentlicher Bereiche umzugehen. Ihr Schulhof ist dabei ein ideales Vorfeld für die zukünftige Auseinandersetzung mit der Gestalt des Stadtbildes. Wasser wird bei diesem Beispiel über seine elementaren physikalischen Eigenschaften vorgestellt. Aus einem Rohr wird Wasser in die Kammern der Räder aus Acrylglas gedrückt und dadurch eine Drehbewegung erzeugt. Die Metallteile sind aus verzinktem Stahlrohr.

96

Hamburg, Planten un Blomen
Wasserspiele
Gottfried Gruner

Anläßlich der Bundesgartenschau wurde hier ein ganzes Wasserspielfeld errichtet mit Ballspritzen und schaltbaren Wasserfällen, bei dem sowohl die Akteure als auch die Zuschauer, sicher hinter Acrylglasscheiben, auf ihre Kosten kommen.

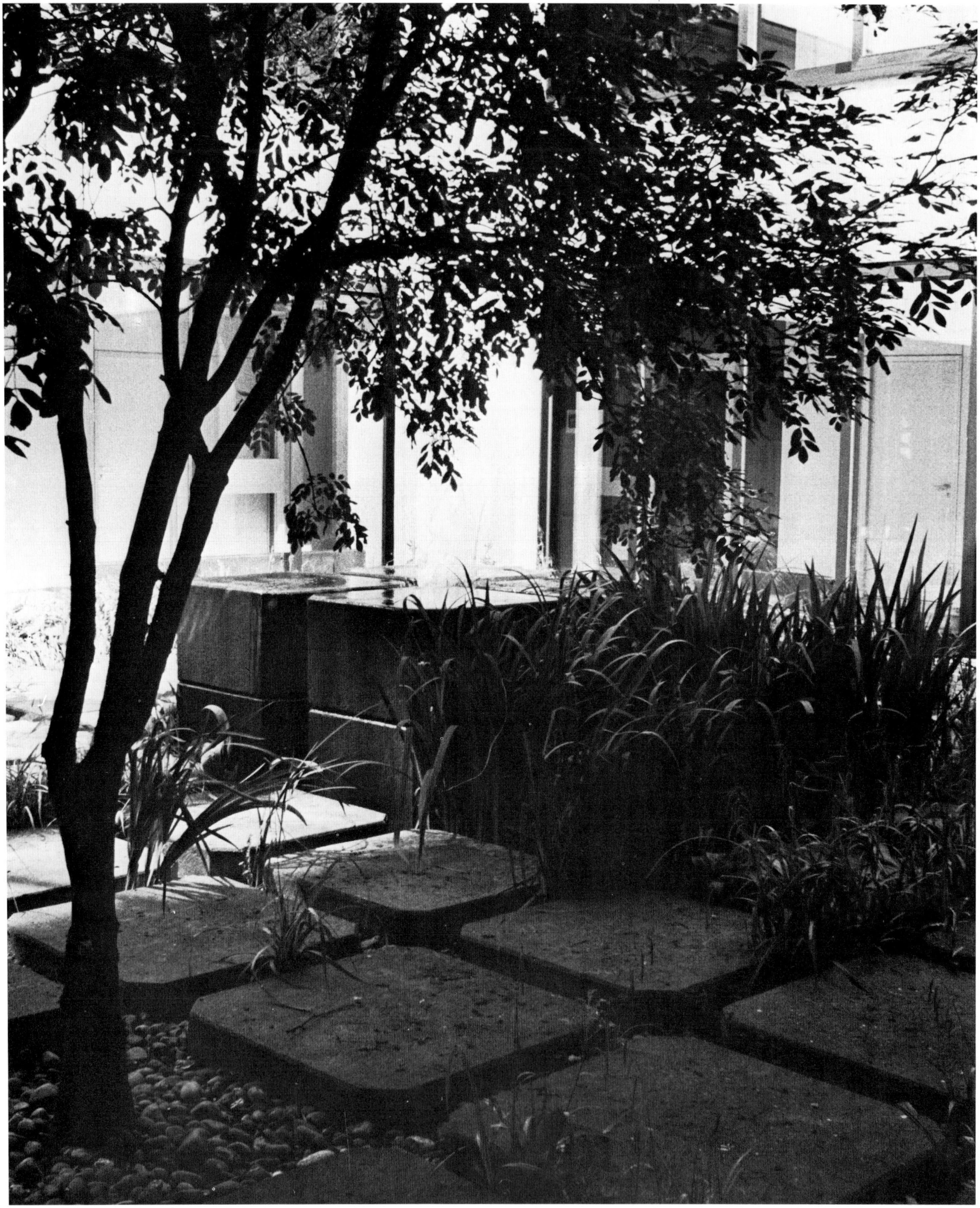

Innenhöfe

Das Bild der Stadt setzt sich aus vielen Bausteinen zusammen; diese entziehen sich der Vorstellungskraft und vereinigen dennoch die unterschiedlichsten Vorstellungen. Immer gibt es Teile, die man bevorzugt und andere, die abgelehnt werden.

In den größeren Bereichen wird man stets nur Ausschnitte wahrnehmen können und diese auch nur relativ oberflächlich. Man muß sich orientieren, sicher fühlen, angeregt sein, Behaglichkeit empfinden. Alle diese Aspekte finden wir nebeneinander im Stadtbild. Eine lebendige Stadt bietet eine größere Fülle von alternativen Erscheinungsformen. Neben dieser Vielfalt liebt der Mensch auch die Abgeschiedenheit, die Ruhe und die Freiheit, sich einen Ausschnitt dieser städtischen Umwelt nach eigenen Vorstellungen einzurichten. Eine solche Möglichkeit bietet ihm die eigene Wohnung. Was dem Menschen noch fehlt, ist ein Stück öffentlicher Bereich, in dem er sich wirklich auskennt. Indem die Dinge ihm ähnlich nah und greifbar sind wie in den eigenen vier Wänden und doch schon Teilstück der Allgemeinheit, von allen verstanden und akzeptiert, sind sie ein kleines Forum für die ersten Stufen einer Kommunikation. Der Mensch verschafft sich diesen Eindruck auch durch die Gestalt der öffentlich zugänglichen Innenhöfe. Die Abmessungen haben hier menschlichere Maßstäbe, die Geräusche der Stadt sind gedämpft und von anderer Qualität. Man kann seinen Atem hören und auch leise Laute differenzieren. Jedes hier ausgestellte Objekt bekommt eine besondere Bedeutung. Es ist wenig Raum da und alles, was man hineinstellt, verringert diesen weiter. So wird man den Dingen gegenüber kritischer. Plötzlich interessiert die Form eines Baumes und die seiner Blätter, man hört ihn im Wind rascheln und stellt fest, daß man an anderer Stelle die Stadt so bewußt und intensiv nicht wahrgenommen hat. Erfahrungen aus dem Süden drängen sich auf. Dort gewinnen Innenhöfe oft eine zusätzliche Bedeutung durch das extreme Stadtklima, aber auch andere Sitten und Gebräuche, die einem als logische Erklärung dienen bei der Frage nach der Entstehung dieser besonderen Form von Plätzen, aber nicht erläutern, warum der Besucher bereits nach kurzem Blick in das Innere eines Hofes und ohne Nutzen weiterer Qualitäten bereits erfreut ist über seine Entdeckung und den Wunsch hat, sich dort aufzuhalten. Er probiert mit einem Blick aus, wie es sich hier leben läßt, legt sozusagen sein eigenes Maß an.

In der Gestalt von Innenhöfen entdecken wir einen Teil von uns selbst. Oftmals müssen wir solche Höfe gar nicht erst betreten. Es genügt allein der Blick hinein und die Vorstellung, daß man sich in ihm aufhalten könnte.

Viel wichtiger ist, daß man aus möglichst vielen Positionen mit immer neuen Eindrücken diesen besonderen Raum wahrnehmen kann. Die gute Gestaltung von Innenhöfen, die vielen Menschen zugute kommen, darf als eine der schwierigsten Planungsaufgaben im Stadtbild angesehen werden. Das Auge kann nicht ausweichen auf entfernte, kaum erkennbare Dinge. Es wird meist in einem Rahmen gehalten, in dem jede Einzelheit für sich erfaßbar bleibt. Die wenigen Dinge, die für die Gestaltung dieses Bereichs ausgewählt wurden, lernt man mit der Zeit näher kennen. Der kleine Raum kann zum Symbol für das Stadtbild werden, welches man ja in seiner ganzen Fülle niemals annähernd begreifen kann.

Es ist interessant, daß man sich einen Innenhof ohne Wasser und Baum einfach schlecht vorstellen kann. Diese beiden natürlichen Elemente in einer sonst gänzlich künstlichen Umwelt vermitteln dem Menschen in erfaßbaren Größen offenbar notwendige Grundwerte, feste Einstellungen. Der kleine überschaubare Maßstab läßt übertragbare Anschauungen zu. Erste Erfahrungen mit Wasser, Regen, vor allem akustische Wahrnehmungen, stammen nicht selten aus Erlebnissen mit solchen Innenhöfen. Auch das Erfahren der eigenen Person, die eine Größe darstellt, die Einfluß nimmt auf die Dinge, kommt hier voll zur Geltung. So bleiben wir zunächst am Rande des Hofes stehen, bevor wir einen solchen Raum betreten wollen, betrachten ihn genauer, schätzen ihn ein, halten

Frankfurt, Verwaltungsgebäude Deutscher Sportbund DSB
Karl Heinz Bergs, 1972
Architekten: Braun, Schlockermann und Partner

uns an der Wand, verweilen im Eingang oder unter den Kolonnaden, ehe wir ihn später probeweise durchschreiten, immer in der bewußten Erwartung, jetzt etwas Besonderes zu erleben.

Meist bleibt auch mehr Zeit für die Betrachtung der Dinge, als an anderer Stelle in der Stadt. Der kleine Raum zwingt zur Ruhe. Und erst langsam nimmt der Mensch Eindrücke einer tiefer liegenden Wahrnehmungsebene wahr. Spiegelungen des Wassers, das Insekten anzieht und auf die unterschiedlichste Belichtung reagiert. Der kleine Wasserstrahl füllt den ganzen Raum. Selbst wenn ich die Augen schließe und nichts mehr sehen kann, versinke ich nicht in Dunkelheit, sondern bleibe an einem festen Ort, den mir die Ohren näher umschreiben. Hier kann ich die Bedeutung von Wasser in allen Einzelheiten hinterfragen.

Es läßt sich gestalterisch einrichten, daß ich mein Augenmerk auf die sorgfältige Ausformung der beteiligten Elemente lenken kann, die mir in diesem Umweltausschnitt wie vergrößert erscheinen.

Wenn immer wieder auf die Ausbildung von besonderen Stellen hingewiesen wird bei der Gestaltfindung, hier ist der betroffene oder beteiligte Benutzer des Innenhofes geneigt, die Dinge auch tatsächlich wahrzunehmen. Hier wird ein besonders ausgebildeter Eingang, ein getriebenes Sammelbecken, eine kunstvoll durchgestaltete Figur in allen Details erfaßt.

Wasser spielt hierbei eine dominierende Rolle. Man spürt unwillkürlich, daß Innenhöfe auch früher den Rahmen abgaben für eine Wasserstelle, den Brunnen der umliegenden Häuser z. B. Diese Rolle übernehmen heute kleinere Zapfstellen und Wasserspiele, die nur einen kleinen Teil jener ursprünglichen Bedeutung tragen, aber durch ihr ausgeprägtes Bild die Stimmung steigern können und über die Wahrnehmung ein Fluidum verbreiten helfen, das den Menschen zufriedener macht.

Dies ist besonders dann notwendig, wenn solche Innenhöfe von Arbeitsplätzen einsehbar oder in Arbeitspausen nutzbar sind. Der Arbeitsprozeß, geprägt durch unser wissenschaftliches technisches Denken, hat nicht zwangsläufig humane Züge, wenn er besonders erfolgversprechend ist. Hier wird in der Regel der prinzipielle Gegensatz spürbar zwischen zweckdienlicher Gestalt und angemessenem Verhalten am Arbeitsplatz und der in jeder Beziehung offenen Erscheinungsform von öffentlichen Räumen und dem daran orientierten freien Verhalten. Durch besonders reizvolle Ausblicke während der Arbeit und die Möglichkeit, zwischenzeitlich immer mal wieder eine gegensätzliche Haltung einnehmen zu können, indem man sich mit Dingen umgibt, die keine zeit- und zielorientierte Bedeutung haben, verleiht man dem Arbeitsprozeß humane Züge. Auch hier nimmt das Wasser wieder eine Sonderstellung ein.

Mit dem Wasser lassen sich aber auch Wahrnehmungsoasen innerhalb öffentlicher Räume schaffen, z. B. in Geschäften oder größeren Kaufhäusern. Auf den ersten Blick fällt es schwer, die Ziele solcher Maßnahmen zu begreifen. Will man die mit Kunstwerk, Wasser und Vegetation ausgestalteten Bereiche wirklich nutzen, muß man, zumindest für Augenblicke, von der Dynamik des intensiven Kaufverhaltens ablassen. Fast ungläubig begegnet man zunächst diesen Geschenken in einer Umwelt, die sich sonst so ausschließlich am Gewinn orientiert. Um so mehr sind Tendenzen zu begrüßen, die den Menschen im Käufer herauskehren und ihn zeitweilig gänzlich zufriedenstellen wollen. Ein Aspekt, den jeder Kunde persönlich dankbar nachvollziehen kann, der sich aber nicht für die Initiatoren nachprüfbar zu Buche schlägt. Er stellt aber eine Möglichkeit dar, der Verantwortung gegenüber einer großen Anzahl von betroffenen Menschen im halböffentlichen Geschäftsbereich gerecht zu werden.

Aachen, Reiffmuseum
Säule
Elmar Hillebrand, 1964

Eine kleine Fläche, nicht ständig betretbar, ganz nur von den angrenzenden Räumen einzusehen, holt als wichtigste Aufgabe Licht in ein Foyer. Die sparsamen Mittel, die hier als zusätzliche Gestaltungselemente eingesetzt werden, erhalten zwangsläufig Bedeutung. Eine Bronzesäule mit Wasser, das aus einer eigenen kleinen Quelle gespeist wird. In dem Haus wird Gestaltung gelehrt. So übernimmt das Kunstobjekt die Aufgabe, bei der alltäglichen und zwangsläufigen Begegnung den immer wachen Sinnen kreativer junger Menschen ständig neue Einsichten und Anregungen zu bieten. Kühlendes Wasser vermittelt dabei den Einstieg. Es verändert, verfärbt das Objekt, weckt Vertrauen, macht neugierig und geduldig. In seiner Nähe läßt sich das Warten vergessen. Der anregende Faden des kreativen Tuns reißt nicht ab, auch wenn es lästige Wartezeiten zu überbrücken gilt.

Aachen, Reiffmuseum
Wasserobjekt
Steinbach, Kohl, Kramer, 1963

Im gleichen Gebäudekomplex wie im vorherigen Beispiel bereichert ein Wasserobjekt aus Sichtbeton einen zweiten Innenhof, der besonders an heißen Tagen als Ruhezone genutzt wird. Bäume spenden Schatten, es gibt ausreichend Sitzgelegenheiten an diesem stillen Ort. Wasser wird hier sehr einfach dargestellt, ohne hintergründige Fragestellung. Man sieht es und hört es fließen. Das füllt den Hof mit Leben und mit Ruhe, eine ideale Zufluchtsstätte, um in begrenzter, natürlicher Umgebung auszuspannen.

Köln, Kartäuserkloster
Wasserobjekt in der Kartause
Kurt-Wolf von Borries, 1959

Ein steinerner Innenhof ohne Vegetation, der Bodenbelag füllt als Gestaltungselement die Fläche, der Raum dagegen wird durch ein Wasserobjekt aus Bronze geprägt. Seine Formensprache erinnert an Blattpflanzen, steht für einen großen Baum, den man auch an dieser Stelle erwarten könnte. Wasser ergießt sich von einer Blattschale zur nächst tieferen, das Auge verfolgt diesen Weg und das Ohr erfährt an jeder Stelle des Hofes einen angemessenen Zuspruch. Für die verschiedenen Sinne scheint das Wasserobjekt ideal auf die Größe des Innenhofes abgestimmt. An keiner Stelle kann man sich seiner Wirkung entziehen, ob man den Hof durch einen der vier Eingänge oder Durchgänge betritt oder das Objekt an warmen Tagen durch eines der geöffneten Fenster wahrnimmt. Und das beruhigende und kühle Murmeln vermittelt nicht nur ein reizvolles Bild und anregende Geräusche, durch eine zweite Pumpe kann bei heißem Wetter aus dem Kopf des Objekts in alle Richtungen Wasser fein versprüht werden, so daß sich sichtbar, vor allem aber auch spürbar, das Klima in diesem Gebäudekomplex verbessern läßt.

München, Theatinerhof
Konkave und konvexe Formen
Hans Rücker, 1973

Ein Stadtplatz wie man ihn sich wünscht, Ruhe zwischen belebten Straßen. Wenige Elemente bestimmen den freundlichen Raum, der zum Verweilen einlädt. Man kann sich setzen, ein Getränk zu sich nehmen und so alle Sinne ansprechen lassen. Das Wasser führt dabei durch ständig veränderten Druck ein Schauspiel vor, zusammen mit verformten Flächen aus Carrara-Marmor, die den bewegten Untergrund und den Ausschnitt bestimmen, auf dem sich alles abspielt.

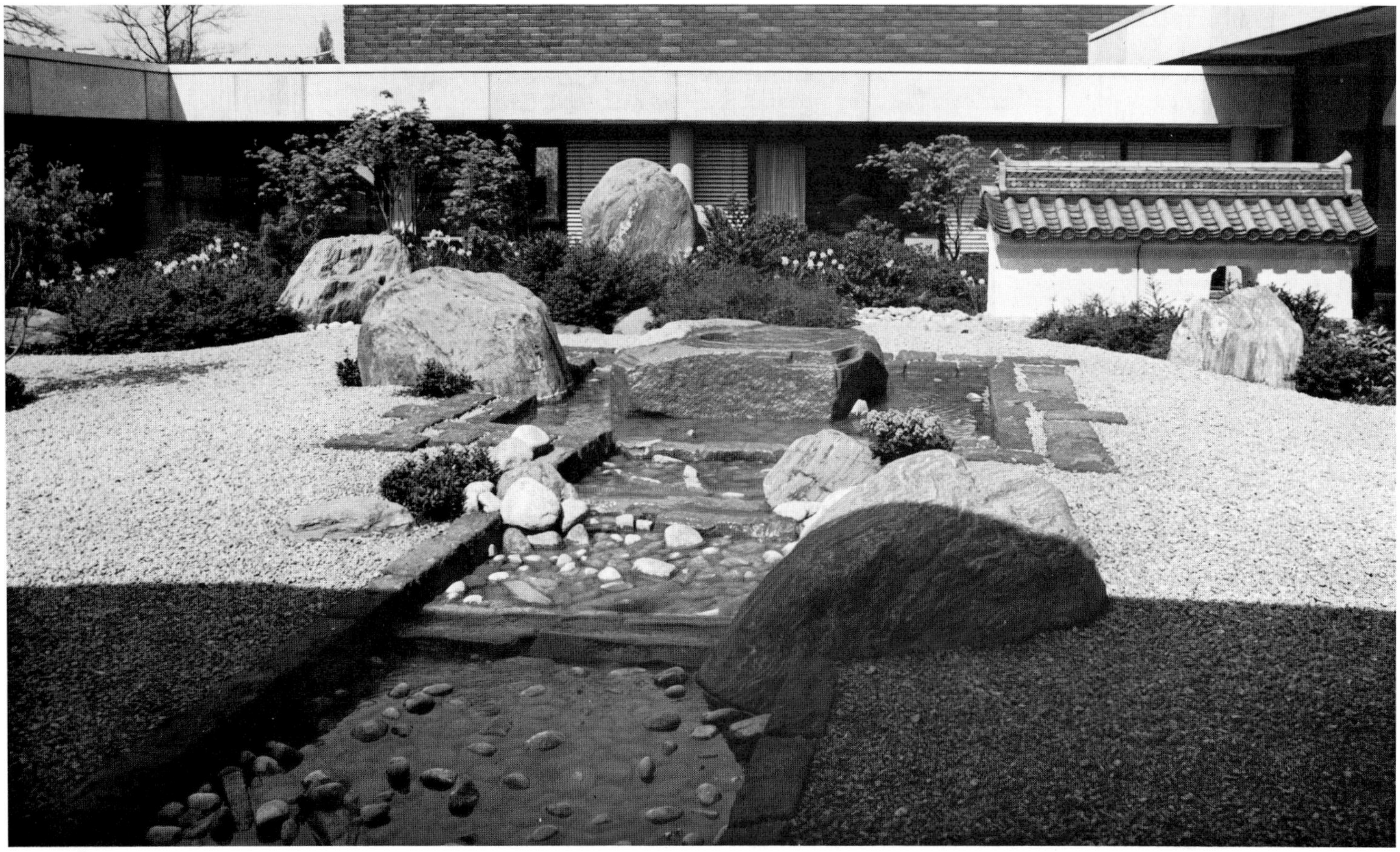

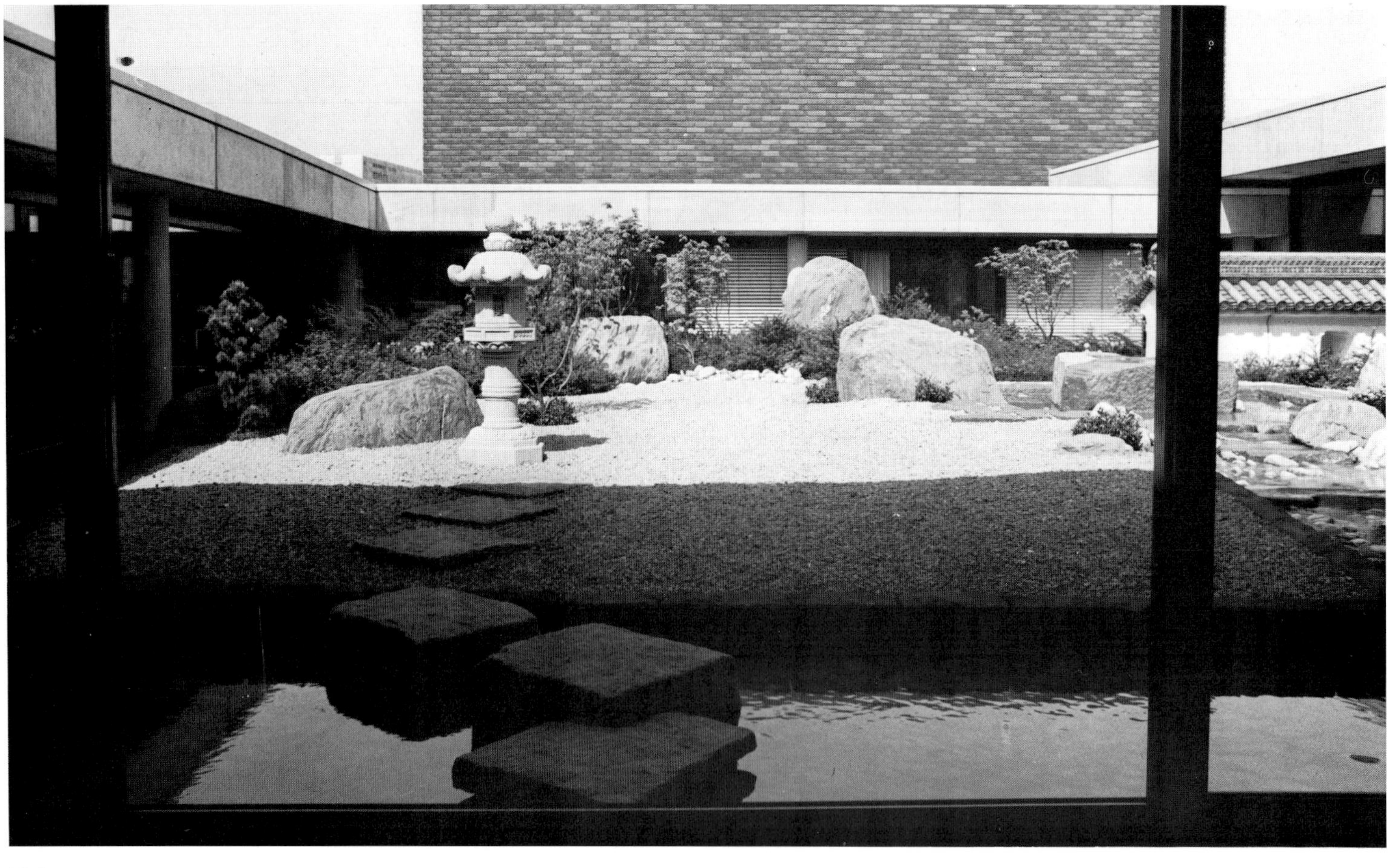

Köln, Am Aachener Weiher
*Innenhof und Außenanlage
Ostasiatisches Museum*

Wasser um ein Museum, Wasser in einem Museum. Gezeigt wird ostasiatische Kunst. Für einen Betrachter ist es stets schwierig einen fremden Kulturkreis zu begreifen, zumal die dargestellten Exponate meist nur zu sehen sind. Da ist Wasser, mit dem jeder bereits seine persönlichen Erfahrungen gemacht hat, eine gute Unterstützung. Hier wird es in der Formensprache des vorgestellten Kulturkreises eingesetzt, als Wassergarten und betretbare Fläche.

Calella, Calle iglesia
*Innenhof im Einkaufszentrum
I. Cortina*

Oldenburg, Herbartgang
Innenhof mit Baum und Wasser
Udo Reimann, 1971

An wichtiger Stelle im Verlauf einer Fußgängerzone öffnet sich die Gasse plötzlich zu einem kleinen Platz. Mehr Licht fällt ein, verschiedene Abzweigungen, auch Höhenunterschiede treten auf. Mit wenigen Elementen wird ein besonderer Punkt ausgezeichnet. Ein Baum, ein kleines Wasser. Die Natur wird als Maßstab für die Gestaltung eingeführt und füllt den Raum. Die Brunnenschale ist aus Michelnauer Tuff gehauen.

Regensburg, Donau-Einkaufszentrum
Wasserobjekt
Richard Triebe, 1967

Ruhezonen im Kaufhaus, Oasen aus Kunstwerk, Pflanze und Wasser. Auf den ersten Blick fällt es schwer, die Ziele solcher Maßnahmen richtig einzuschätzen. Will man die künstlerisch ausgestalteten Bereiche wirklich nutzen, muß man zumindest für Augenblicke von der Hast und Dynamik des intensiven Kaufverhaltens ablassen. Fast ungläubig begegnet man zunächst diesen Geschenken in einer Umwelt, die sich sonst so ausschließlich am Gewinn orientiert. Um so mehr sind Tendenzen zu begrüßen, die den Menschen im Besucher herauskehren und ihn nicht nur in seiner Kauflust zufriedenstellen. Ein wertvoller Aspekt, den jeder Kunde dankbar nachvollziehen kann und der sich nicht gleich deutlich zu Buche schlägt für die Initiatoren. Die Gestaltung von halböffentlichen Bereichen des Stadtbildes durch Privatinitiative eröffnet ganz neue gestalterische Möglichkeiten und sie gestattet es auch, der durch Einrichtung von großen Kaufhäusern übernommenen Verantwortung gegenüber dem Bürger im Geschäftsbereich gerecht zu werden.

Aachen, Adalbertstraße
*Brunnen in einem Lederwarenladen
Bonifazius Stirnberg, 1978*

Selbst in einem Laden kann ein Brunnen dazu beitragen, eine bestimmte Situation in der Stadt zu charakterisieren, hervorzuheben, das Raum- und Arbeitsklima unbewußt zu verbessern und dem Kunden mit einer freundlichen Geste entgegenzukommen, die frei ist von vordergründigen, verkaufsorientierten Zielen.

In einem Lederwarengeschäft werden auf einem künstlichen Gerberbottich, der auch die Installation, die Pumpe und das notwendige Umwälzwasser beherbergt, lustige und zum Teil bewegliche Tiere vorgeführt, deren Haut zu Leder verarbeitet werden kann, und eine riesige lederne Geldbörse. Brunnen und Figuren sind in Bronze gegossen.

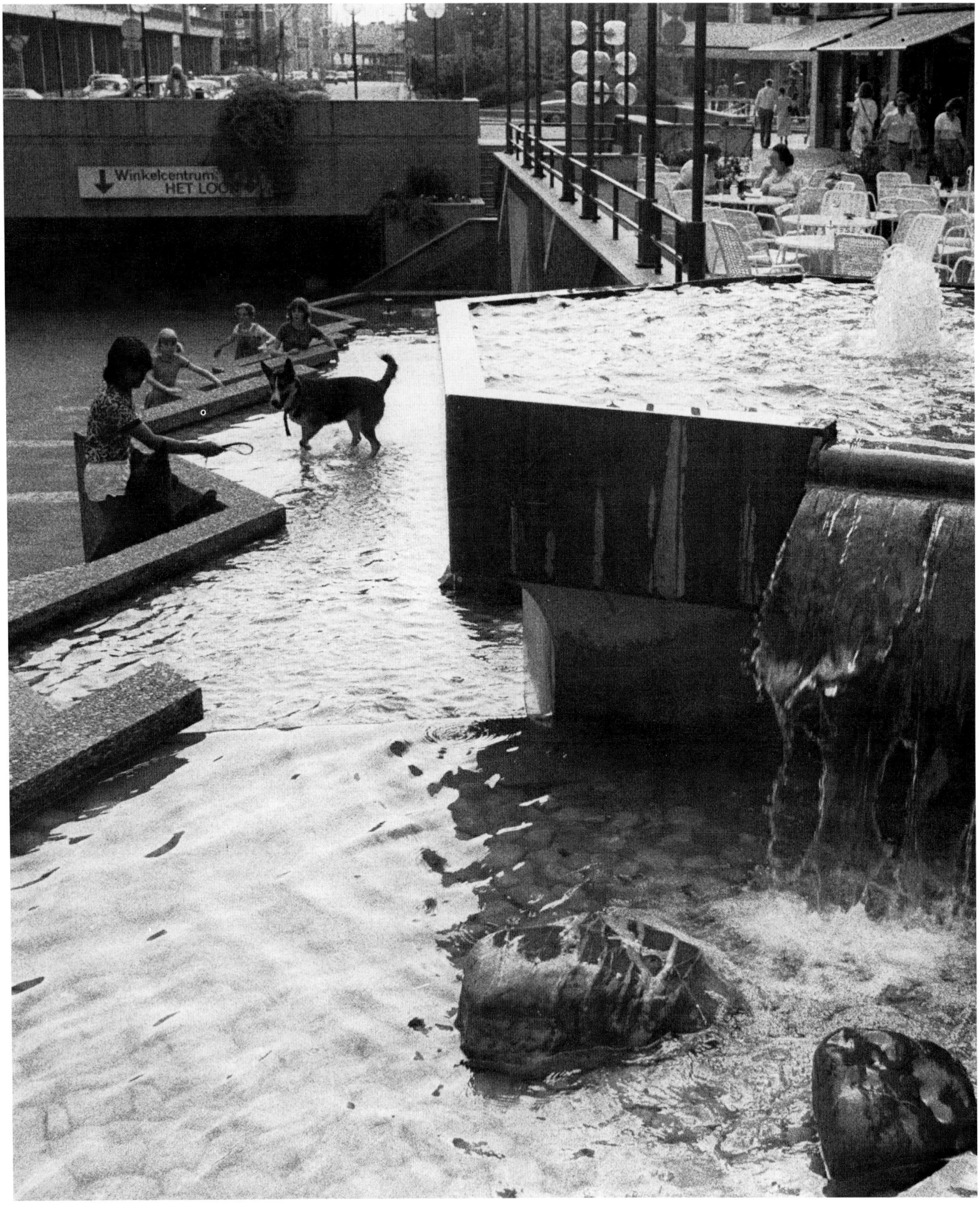
Winkelcentrum
HET LOO

Wasseranlagen

Wasser begegnet uns auch heute noch in all seinen Erscheinungsformen in einer Umwelt, die wir als naturhaft empfinden, weil sie z. B. wenig bebaut ist oder mit natürlichen Elementen wie Vegetation durchsetzt ist. Tatsächlich erleben wir eine von Menschenhand unbeeinflußte Natur kaum noch. Aber während sich die meisten Elemente relativ leicht unter dem Einfluß des Menschen verändern lassen, wehrt sich das Wasser am heftigsten gegen gestalterische Maßnahmen. Die Auseinandersetzung mit dem Wasser trägt immer auch Züge des Kampfes. Es gehört stets Aktivität dazu, Wasser abzuwehren, zu halten und zu lenken. Die Behälter und Begrenzungen müssen dicht sein und stark genug, und das Gefälle richtig berechnet. Es muß viel Kraft aufgewendet werden, um Wasser in Bewegung zu versetzen. Pflege, Umsicht und Anstrengungen sind stets geboten. Das Stadtbild als Spiegel menschlichen Tuns, Denkens und Strebens wäre unvollständig ohne diesen Teilaspekt. Wenn nicht ohnehin von alters her Wasser durch die Stadt fließt oder angrenzt, besteht immer das Verlangen, wenigstens Teilaspekte des Wassers durch Gestaltung in das Panorama des Stadtbildes aufzunehmen. Dafür werden nicht selten erhebliche Opfer gebracht. Meist kann eine Stadt diese Last allein nicht tragen, dann findet sich in der Regel Unterstützung von seiten jener Einrichtungen ein, die auch sonst mit dem Bürger auf den Straßen zu tun haben, Banken und große Kaufhäuser beispielsweise. Mit der Finanzierung und Schenkung von Wasseranlagen erfüllen sie eine Aufgabe, die allen Bürgern einer Stadt gleichermaßen zugute kommt und, was wohl besonders wichtig ist, auch richtig aufgenommen und verstanden wird, während z. B. die Entscheidung für den Ankauf und die Aufstellung eines modernen Kunstwerkes stets auf unterschiedliches Echo stößt. Der Begriff Wasseranlagen sagt zunächst einmal aus, wie z. B. bei Grünanlagen auch, daß es sich hier um großflächige Einrichtungen handelt, um Wasserflächen mit einer besonderen Ausbildung der Ränder, die die äußere Form der Anlagen deutlich begrenzen. Fast immer wird durch Pumpen Bewegung des Wassers erzeugt, was dann den endgültigen Eindruck vermittelt. Die technischen Einrichtungen bleiben dabei meist verborgen. Im Unterschied zu Wasserobjekten, die ihre Bedeutung völlig verlieren, wenn das Wasser nicht in Fluß ist, büßen die Wasseranlagen zwar erheblich an Wirkung ein, sobald die Pumpen abgestellt werden; doch reichen die restlich verbleibenden Wasserflächen für ein Erkennen und minimales Ansprechen aus.

Durch ihre Größe erhalten Anlagen ihr besonderes Gewicht. Sie dienen nicht allein als Mosaiksteine in einem Umweltgefüge, sondern werden von der Stadtplanung ganz bewußt als Wert innerhalb eines größeren Zusammenhanges eingesetzt. Man kann sich eine Wasseranlage nur in Verbindung mit der umgebenden Stadtstruktur und als Einheit gestaltet vorstellen. So nimmt das äußere Erscheinungsbild Rücksicht auf die örtlichen Gegebenheiten und unterstützt eine zentrale Planungsidee. Nicht selten lassen sich die nur unbewußt nachvollziehbaren Gedanken der Planer mit Hilfe einer Wasseranlage verdeutlichen. In Heerlen wird durch einen Wasserfall auf die künstliche Absenkung des Straßenniveaus in einer sonst an Bodenerhebungen armen Stadt hingewiesen (S. 112 - 116). Man geht als Fußgänger mit dem Wasserlauf hinunter und erlebt dieses Hinabsteigen durch die begleitende, abfallende Bewegung des Wassers. Während man gewöhnlich, bei ebenerdiger, flacher Gehweise stets die gleichen Ansichten und Aussichten hat, egal in welche Richtung man sich bewegt – von den Fassaden ist meist nur der untere Teil des Erdgeschosses zu sehen –, schafft der geneigte Weg ganz andere Einblicke. Das Hinabsteigen eröffnet einen erweiterten Sehbereich, der Rückweg dagegen bietet die Einsicht auf kleinteilige Gestaltungseinheiten der Objekte. Zusätzlich sind beide Richtungen auch durch unterschiedliche Gehgeschwindigkeiten gekennzeichnet. Das begleitende Wasser erweitert die Einsichten, steigert die Intensität der verschiedenen Wahrnehmungen, bietet etwas, das man „begreifen" kann, falls jemand einhält und weiterfragt, und über das Ohr

Heerlen, Promenade
Wasseranlage in der Fußgängerzone

werden persönliche Eindrücke noch verstärkt. Oft werden durch die ausgeprägte Gestalt der Anlage störende Faktoren von einem Platz ferngehalten, Straßenlärm z. B., oder es werden Sitzmöglichkeiten zur Verfügung gestellt durch die besondere Ausbildung des ansteigenden Randes der Wasserfläche.
Ist ausreichend Platz vorhanden und das Wasser von Anfang an mitgeplant, dann lassen sich verschiedene Bereiche von unterschiedlicher Intensität einrichten, an denen sich ein jeweils anderes Verhalten orientiert. Das Zentrum der Universität Regensburg (S. 120) wird durch eine Wasseranlage bestimmt, die gleich mehrere Funktionen übernimmt. Neben lauten und leisen Bereichen, die zum Verweilen einladen, muß man verschiedene Teile der Anlage zwangsläufig kreuzen auf dem Weg zu den einzelnen Instituten. Hierbei werden nicht nur Annäherungen an die verschiedenen Erscheinungsformen von Wasser möglich, optisch und akustisch, auch die im Blickfeld erscheinenden Gebäude und Landschaftsausschnitte dahinter werden in Verbindung mit dem Wasser anders und neu gesehen.
Oft wird Wasser großflächig bewegt eingesetzt, um auf eine bestimmte Situation im Stadtbild zu verweisen, auf einen wichtigen Eingang z. B. wie am Düsseldorfer Stadion (S. 123). Eine besonders eindrucksvolle Lösung ist die Gestaltung des Karlsplatzes in München (S. 124). Hier wird auf der einen Seite das Ende einer Fußgängerzone markiert und dem angrenzenden Autofahrer eine Orientierungshilfe gewährt.
Der weithin sichtbare Wasserschleier zieht immer wieder die Menschen an, die sich mit Vorliebe am Rande, mitten im Geschehen, auf den gegen Witterung ungeschützten klobigen Begrenzungssteinen aufhalten.
Die Möglichkeit, bewegte Wassersäulen aufzutürmen, macht Wasseranlagen auch zu einem geeigneten Gestaltungsobjekt im reinen Verkehrsbereich.
So wird für den Autofahrer das Ende der Autobahn und Ziel der Reise in Aachen (S. 126) durch ein rundes Wasserbecken mit Fontänen verdeutlicht, die angestrahlt auch nachts ihre Zeichenwirkung nicht einbüßen. Der Verkehrs-

knotenpunkt Ernst-Reuter-Platz in Berlin ist in ähnlicher Weise ausgezeichnet (S. 127). Das Rondell in Aachen kann man gar nicht betreten, während das Innere des Ernst-Reuter-Platzes nur sehr umständlich über einen Tunnel zu begehen ist. Der Besucher erfährt dabei, daß die Anlage in ihren Dimensionen tatsächlich nicht für den Fußgänger, sondern vornehmlich auf das Verhalten, die Sehweise und die Geschwindigkeit des vorbeieilenden Verkehrs abgestimmt ist.

Bei einer Beschränkung der Darstelllung Wasser im Stadtbild auf neuzeitliche Planungen und Objekte bis zu einer Größenordnung von Wasseranlagen, sollen doch die Flüsse und Seen nicht ganz unerwähnt bleiben. Diese oft bereits vorhandenen Gewässer prägen ja in hervorragendem Maße das Bild zahlreicher bekannter Städte. Aber nicht jede Stelle wird in dem hier beschriebenen Rahmen bewußt gestaltet. Es bleibt daher einer späteren Veröffentlichung vorbehalten, diesen besonderen Charakter ausführlich zu beschreiben. Auf den letzten Bildseiten wird daher am Beispiel von Ufergestaltungen nur ein ganz bestimmter weiterer Aspekt herausgestellt, der für das Verhalten des Menschen in Verbindung mit dem Wasser von Bedeutung ist und hier nicht unerwähnt bleiben sollte, weil er auch für die Planung von Wasseranlagen von großer Wichtigkeit werden kann.

Der Mensch hält sich mit Vorliebe in Grenzsituationen auf, an Rändern und im Schutze von Wänden. Bevorzugtes Verhalten am Waldrand ist ein bekanntes Beispiel hierfür. Man kann immer wieder beobachten, daß diese besondere Neigung sich auf viele Situationen übertragen läßt. Für unsere Überlegungen heißt das, daß auch der Mensch, der die Nähe des Wassers liebt, den Rand als Aufenthaltsort bevorzugt. Aber wie groß ist dieser Raum, diese sympathische Zone der Nähe? Ausgehend von der unmittelbaren Berührungsmöglichkcit mit dem Medium? Bis zu welcher Entfernung erstreckt sie sich? Läßt sich auch darüber eine genauere Aussage treffen? Eigene Untersuchungen bestätigen die Vermutung, daß bei diesem Phänomen unsere Sinne eine vorrangige Rolle spielen und das durch sie gesteuerte Empfinden. Sicherheit, Wohlgefühl, Geborgenheit stellt sich in einem bestimmten Grenzbereich zu einem anderen Element wie Wasser ein, wenn man dieses mit mindestens zwei Sinnen erfahren kann. In der Regel nimmt das wichtigste, d. h. leistungsstärkste Organ, das Auge, eine Sache auf, und weitere Sinne werden zusätzlich angesprochen, z. B. das Ohr, wenn man die Wassergeräusche hören, der Geruchssinn, wenn man die Frische des Wassers wahrnehmen kann. Von der Bedeutung des Geschmackssinns haben wir bei den Trinkbrunnen gesprochen, und über den Tastsinn kommt man direkt mit dem Wasser in Berührung. Diese durch die Wahrnehmung zweier Sinne ausgezeichneten Räume nennen wir Saumzone. Sie geht über den eigentlichen Grenzbereich hinaus und hängt ab von den verschiedenen Faktoren, die ihre Wahrnehmung bestimmen. Die Gestaltung von Rändern größerer innerstädtischer Gewässer, die den Umfang von Wasseranlagen übersteigen, sollte diese Erkenntnis unbedingt berücksichtigen. Wenn man einen Fluß oder See als Ganzes nicht mehr einsehen oder begreifen kann, dann muß er stellvertretend für die ganze Einheit über Teilstücke symbolhaft erfahrbar bleiben. So kann man sich an jeder Stelle um den See im Schloßpark von Karlsruhe (S. 128) lagern, aber nur an wenigen ausgezeichneten Plätzen ist dieses Wasser durch eine begrenzte gestalterische Ausbildung des Ufers zu einer Saumzone vielfältig nutzbar.

Einfache quadratische Blöcke in verschiedenen Höhen lassen eine Annäherung in allen Haltungen und Verhaltensweisen zu. Vom Begehen über das Anlehnen, Sitzen und Liegen, vereinzelt oder in Gruppen, ob spielend oder sonnend und lesend, ob ruhend oder diskutierend, stets ist man dem Wasser spürbar nahe. Auch ohne die sprudelnden Quellen, die noch zur Bundesgartenschau das Bild abrundeten, hat sich diese einfache Gestaltung in all den Jahren bewährt. In dem oben beschriebenen vorbildlichen Sinne ist das letzte Bildbeispiel (S. 130) gestaltet. Die bevorzugte Lage der Stadt Zürich am See bietet die Möglichkeit, an vielen Stellen das Erlebnis Wasser in konzentrierter Form aufzunehmen. Und so liefern die verschiedenen Uferpromenaden ein wechselndes Angebot für unsere Sinne. Am überzeugendsten aber wirkt der letzte Abschnitt, wenn das „natürliche", gewohnte Seeufer plötzlich übergeht in eine naturhaft gestaltete Zone: Riesige Kiesel und gewaltige Steinplatten, rechteckig und mit relativ glatter Oberfläche, dazwischen kleine Kieselfelder, ab und zu dicke Holzbänke, unterstützt durch die vorhandene Vegetation. Diese wenigen natürlichen Elemente verbinden sich mit dem Wasser des Sees. Die Berührungslinie ist verzahnt wie zwei Schädelknochen, sie reicht durch feste Elemente ins Wasser hinaus, und durch Wellen, Geräusch und Einsprengsel hinein ins Land. Der Mensch kann diesen Einflußbereich als Saumzone an der Gestaltung ablesen und real vielfältig in Anspruch nehmen: In der Tiefe sitzend, im Schutz und Schatten der Bäume das Treiben vor sich beobachtend, selbst im Getriebe oder am Wasser, die Beine baumelnd, die spielenden Kinder im Auge. Es ist erstaunlich, wie sich kurz nach Geschäftsschluß diese Saumzone plötzlich belebt und jeder seine bevorzugte Stelle für die augenblickliche Neigung und Stimmung findet.

Der Formensprache des Wassers ist eine vergleichbare natürliche Ausdrucksweise der wenigen festen Elemente an die Seite gestellt.

Es ist wahr, diese Kiesel und Platten stehen hier nicht an, sind nicht ortsgebunden und gewachsene Bestandteile der Umgebung. Aber auch die anderen Uferabschnitte sind schon lange nicht mehr Natur, sondern Formgebung. Wir erleben hier eine mögliche europäische Umsetzung von fernöstlichen Gedanken zur Gartengestaltung. Die künstliche Umwelt der Stadt Zürich bietet Erfahrungen an, die man anderswo, an einem südlichen Meer z. B., gesammelt hat, die es nicht innerhalb der Landesgrenzen gibt. Es ist ein Bild, das die verschiedensten Eindrücke, Erinnerungen und Verheißungen vereint. Doch dieses Bild wird nicht nur als Erscheinung wahrgenommen, sondern gleichzeitig, und das wäre eine Zielvorstellung für eine zukünftige Gestaltung, intensiv und vielfältig genutzt. Das Vorbild Natur in seiner strukturellen Vielfalt und Farbigkeit wird mit natürlichen Materialien um eine gestaltete Variation bereichert.

117

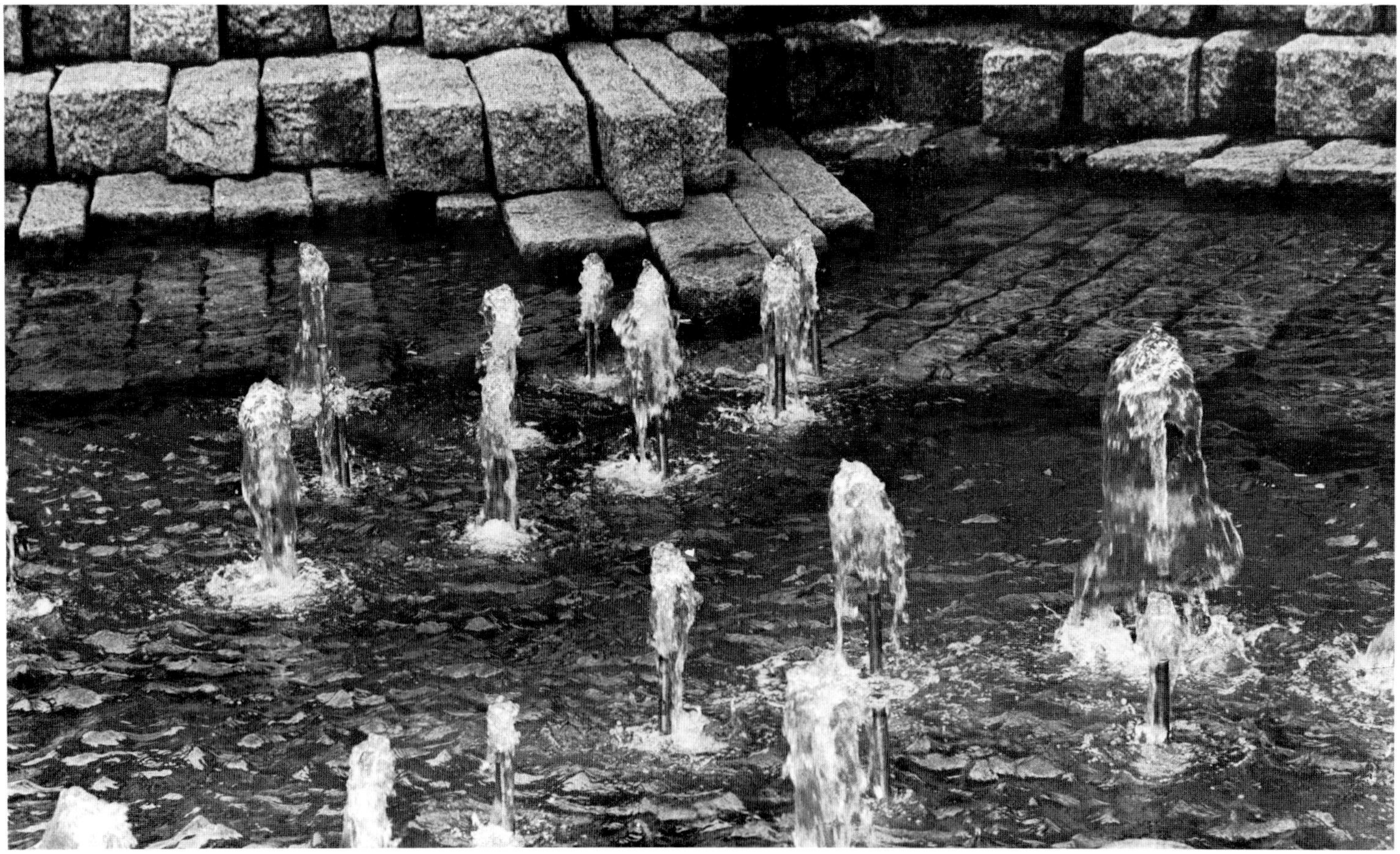

München, Frauenplatz
Schwerer Granit und zarte Wasserglocken
Bernhard Winkler, 1972

Wie ein Steinbruch, ein Aufschluß aus Roggensteiner Granit, so präsentiert sich eine Wasseranlage vor dem Portal der Frauenkirche, streicht unwiderruflich eine besondere Stelle des Platzes heraus, greift dabei eine vorhandene Erhebung auf, türmt sich, schirmt den Platz gegen den Verkehr ab und bietet vielfältige Sitzmöglichkeiten bei Sonne, immer mit Blick auf die Kirche. Am Grund der Anlage stößt man auf Wasser, das alles in Bewegung hält.

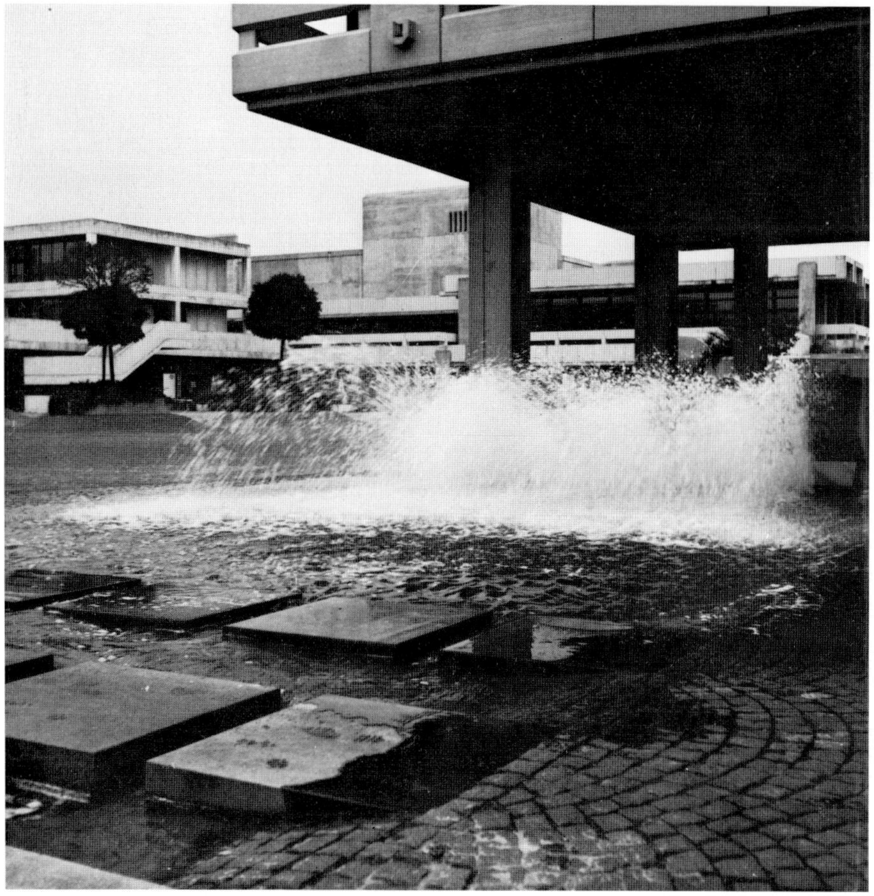

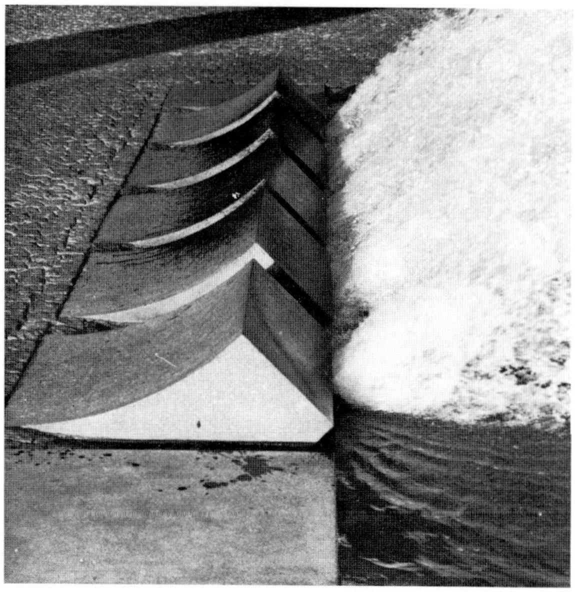

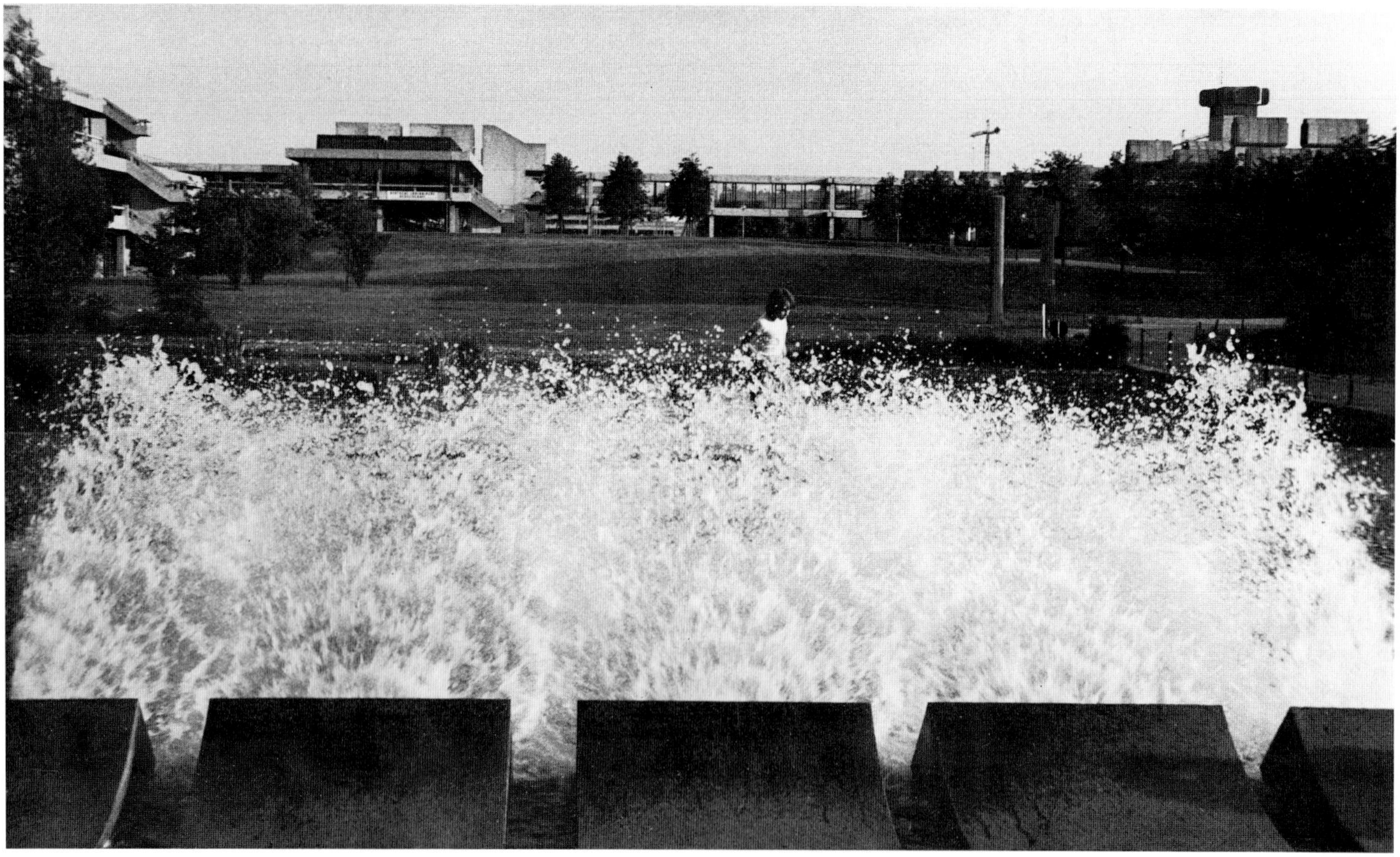

Regensburg, Universität
Wasseranlage

Die verschiedenen Abteilungen des Universitätsneubaus sind durch eine Wasseranlage geordnet und miteinander in Verbindung gebracht. Im Treffpunkt aller Wege und am Rande unterschiedlichster freier Bereiche, gebauter und natürlicher, wurde so ein Zentrum geschaffen, das die Lebendigkeit der geistigen Auseinandersetzung symbolhaft unterstreicht.

Düsseldorf, Sparkasse
*Wasseranlage
Hagen Hilderhoff, 1965*

Wasser in Handhöhe. Die begehbare und bespielbare Fläche aus Sichtbeton, an deren Rand man auch bequem sitzen kann, scheint aus der Ebene der Bodenbeläge herausgehoben und damit dem Menschen nähergebracht. Auge, Ohr und Hand werden auch im Vorbeigehen gestreift und mit kleinsten Details konfrontiert, die man sonst nur mit größerer Hinwendung erfahren und wahrnehmen würde.

Düsseldorf, Rheinstadion
*Wasseranlage am Haupteingang
Guido Jendritzko, 1971*

Sollen die Eingänge von öffentlichen Bereichen für große Mengen von Bürgern, z. B. Stadien, verdeutlicht und kunstvoll ausgestaltet werden, dann ist Wasser ein Element, das von allen Menschen verstanden und geschätzt wird. In diesem Fall unterstreicht es darüber hinaus das Spielerische und Zweckfreie der sportlichen Betätigung und die Freude am Zuschauen.

HYPOBANK
HYPO 18 35 BANK
OSRAM
STAHL
STAHL
Palast
WAFFEN-BAVARIA

München, Karlsplatz-Rondell (Stachus)
Springbrunnen
Bernhard Winkler, 1972

Eine Wasseranlage als Auftakt oder weithin sichtbarer Schlußpunkt einer Fußgängerzone und als Trennungslinie zum Verkehr. Der Wasserschleier zieht die Menschen an, die sich in seiner unmittelbaren Nähe auf den klobigen Begrenzungssteinen aufhalten können. Jedes einzelne Element (Lausitzer Granitplatten, Nagelfluhblöcke, Kleinpflaster, Edelstahl, Wasser), das zur Gestaltung der Anlage herangezogen wurde, ist mehrfach bedeutungsvoll und nutzbar.

Aachen, Europaplatz
Endpunkt der Autobahn
Wasserbecken mit Springbrunnen, 1958

Eine Wasseranlage nur für Autofahrer, am Ende einer Autobahn, am Anfang einer Stadt, Kurort zugleich, die ein besonderes Verhältnis hat zu ihren Quellen und Wasserstellen. Das Schauspiel ist in seinen großen Dimensionen ganz auf die Wahrnehmung der Autofahrer abgestimmt, ein Nähertreten durch Fußgänger ist ausgeschlossen.

Berlin, Ernst-Reuter-Platz
Verkehrsknotenpunkt
Wasserbecken mit Springbrunnen

Ein Verkehrsknotenpunkt im Zentrum der Großstadt, von hohen Verwaltungsbauten umstellt. Wasser füllt die verbleibende Fläche in der Mitte, die nur über einen Tunnel für Fußgänger erreichbar ist. Wasser hebt die Leere der Mitte auf, unterstreicht die Bedeutung des Platzes für den Verkehr, indem sie vornehmlich dem Autofahrer als Zeichen dient, ohne ihm zuviel Aufmerksamkeit abzuverlangen.

Karlsruhe, Schloßgarten
Uferanlage
Bundesgartenschau 1967

Am Rand einer als Ganzes nicht mehr einsehbaren Wasserfläche ist stellvertretend eine Stelle besonders durchgestaltet. Einfache quadratische Betonblöcke in verschiedenen Höhen lassen Formen der Annäherung in vielen Haltungen und Nutzungen zu. Vom Begehen über das Anlehnen, Sitzen, Liegen, vereinzelt oder in Gruppen. Ob spielend, sonnend oder lesend, ruhend oder diskutierend, stets ist man an dieser Stelle dem Wasser spürbar nahe.

Paderborn, Die Pader
*Quell- und Bachfassung
Büro Böhm, 1978*

Der gestaltete Quellbereich der Pader, nach der die Stadt ihren Namen trägt. Es sind viele Stellen, an denen hier Wasser zutage tritt. Es wird bewußt gefaßt und in vielfältigen Erscheinungsformen vorgestellt. Vor allem wurde auf die übliche Abgrenzung verzichtet und dafür Sorge getragen, daß überall eine sanfte Annäherung möglich ist.

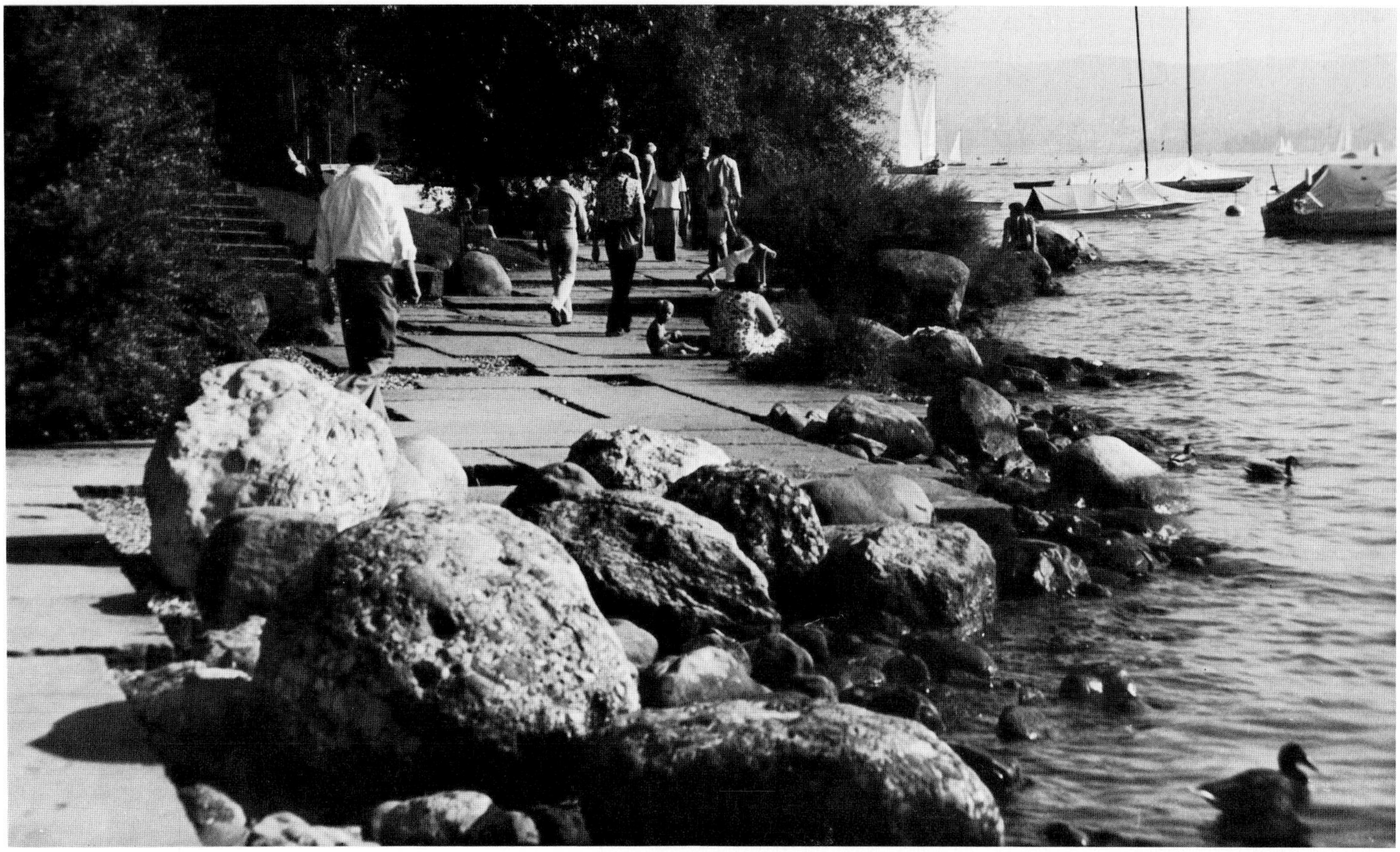

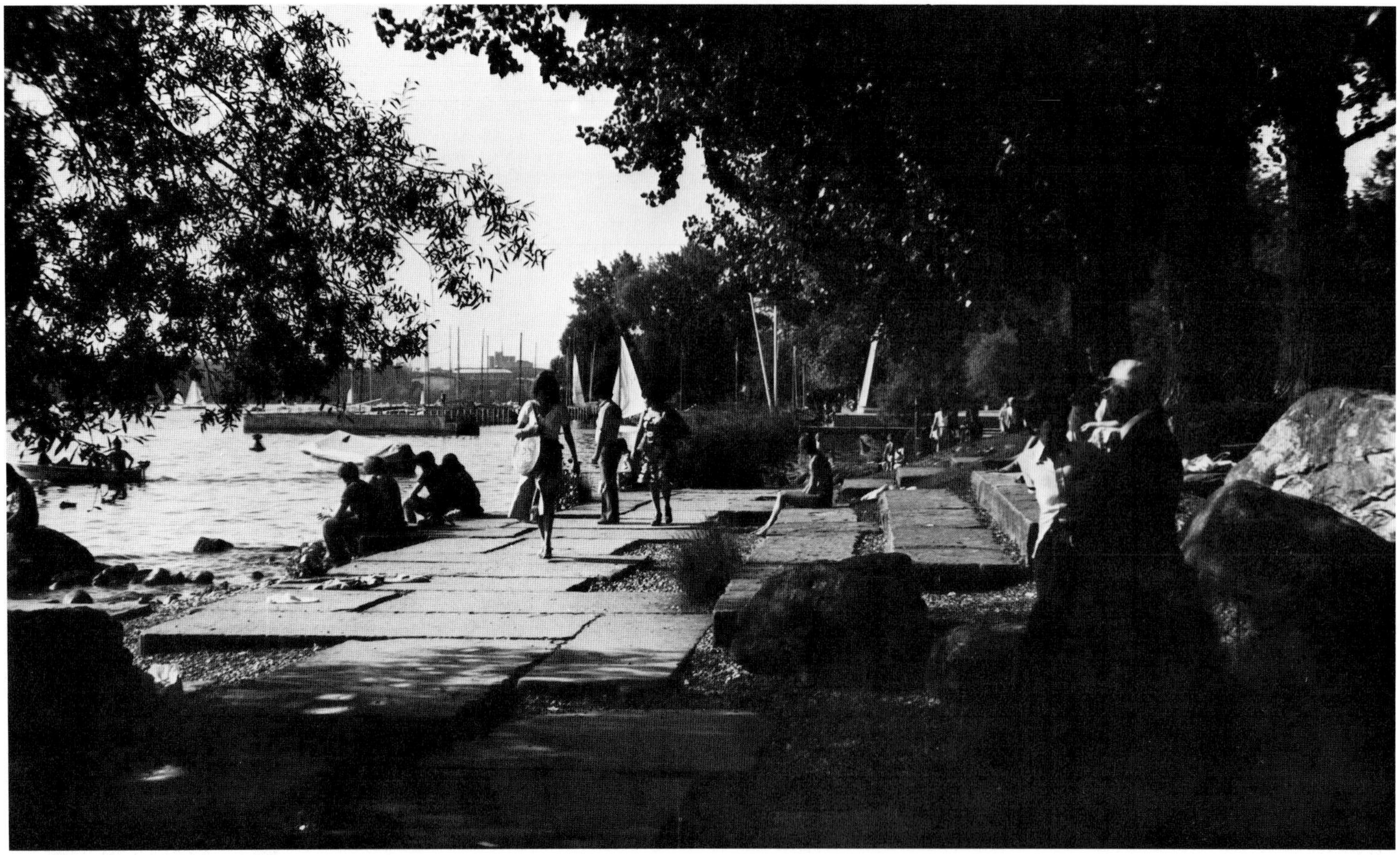

Zürich, Seeufer
Uferanlage
Willi Neukom

Die bevorzugte Lage der Stadt Zürich am See bietet die Möglichkeit, an vielen Stellen das Erlebnis Wasser in konzentrierter Form aufzunehmen. Und so liefern die verschiedenen Uferpromenaden ein wechselndes Angebot für die Sinne. Am überzeugendsten aber wirkt der letzte Abschnitt, wenn das „natürliche", gewohnte Seeufer übergeht in eine naturhaft gestaltete Zone. Riesige Kiesel und gewaltige Steinplatten, rechteckig und mit relativ glatter Oberfläche, dazwischen kleine Kieselfelder, ab und zu dicke Holzbänke, unterstützt durch die vorhandene Vegetation. Diese wenigen natürlichen Elemente verbinden sich mit dem Wasser des Sees. Die Berührungslinie ist verzahnt wie zwei Schädelknochen. Sie reicht durch feste Elemente ins Wasser hinaus und durch Wellen, Geräusch und Einsprengsel hinein ins Land. Der Mensch kann diesen Einflußbereich als Saumzone an der Gestaltung ablesen und real vielfältig in Anspruch nehmen: In der Tiefe sitzend im Schutze und Schatten der Bäume, das Treiben vor sich beobachtend, selbst im Getriebe oder dicht am Wasser die Beine baumelnd, die spielenden Kinder im Auge. Es ist erstaunlich, wie sich kurz nach Geschäftsschluß diese Saumzone plötzlich belebt und jeder seine bevorzugte Stelle für die augenblickliche Neigung und Stimmung findet.

Anmerkungen zur Technik von Wasseranlagen

Ein jeder Brunnenbau stellt in technischer Hinsicht ein eigenes Problem dar, das in enger Zusammenarbeit mit dem Fachmann für Installation von Wasseranlagen gelöst werden sollte. Meist lassen sich alle Fragen der technischen Funktion eines Objektes relativ leicht beantworten. Schwierigkeiten stellen sich in der Regel später ein, wenn eine Wasseranlage länger in Betrieb ist und von den Bürgern angenommen wird. Mutwillige Zerstörung, Verstopfung durch Abfälle und Laub und eine falsche Einschätzung der Witterungsverhältnisse sind die wesentlichen Ursachen für Betriebsstörungen, hohe Wartungskosten und nachträgliche Umrüstungsmaßnahmen. Aus diesem Grunde empfiehlt es sich zusätzlich bereits bei der Planung einer neuen Wasseranlage, auch die Mitarbeiter jenes Amtes einzuschalten, das für die Erhaltung und Wartung von Brunnen in der Stadt zuständig ist. Hier liegen die umfangreichsten praktischen Erfahrungen vor, die sich nicht ohne weiteres auf andere Städte übertragen lassen. Da können traditionelle Verhaltensformen der Bürger den stadteigenen Brunnen gegenüber ebenso eine Rolle spielen wie die örtliche Wasserqualität und Umfang, bzw. Qualifizierung des Wartungspersonals.

Grundsätzlich lassen sich zwei Formen von Wasseranlagen unterscheiden: Brunnen und Zapfstellen, die mit Trinkwasser gespeist werden, und Objekte, die durch die Umwälzung einer bestimmten Wassermenge funktionieren.

Anlagen mit Frischwasser

Objekte, die mit Trinkwasser versorgt werden, können direkt an das Netz angeschlossen oder über eine kleine Pumpe betrieben werden. Bisweilen lohnt es sich, vorhandene Quellen anzuzapfen oder einen eigenen Brunnen zu graben.
Es ist allgemein wenig bekannt, daß solche Objekte in der Regel einen geringeren Verbrauch an Frischwasser haben als größere Anlagen, deren Umwälzwasser ja auch ständig aus dem Netz nachgespeist werden muß.

Man kann den Frischwasserverbrauch zusätzlich durch Druckventile verringern (S. 23, 29), die nur bei Bedarf kurzfristig eine bestimmte Wassermenge freigeben. Oder es werden sogar Handpumpen vorgesehen (S. 21).

Kleinere Trinkbrunnen und Zapfstellen sind in ihrer Anlage und Wartung so preiswert und in ihrem Wirkungsgrad so effektiv, daß sie bei der Planung viel öfter berücksichtigt werden sollten. Man kann sie daher auch um ein größeres Wasserobjekt mit enormen Umwälzwassermengen herum anordnen (S. 69) oder eine Zapfstelle gleich in eine größere Umwälzanlage integrieren (S. 86).

Darüber hinaus sollten Kunstobjekte mit geringen Wasserbewegungen, bei denen die Gefahr besteht, daß vom Wasser getrunken werden kann, mit Frischwasser versorgt werden (S. 71, 72).

Jedes Wasserobjekt sollte mit einer eigenen Wasseruhr ausgestattet sein, so daß sich der Verbrauch an Frischwasser exakt bestimmen läßt.

Mit 300 bis 500 m^3 Wasser im Jahr läßt sich ein ständig laufender Trinkbrunnen betreiben.

Umwälzanlagen

Bei der Planung von Umwälzanlagen müssen eine ganze Reihe von Gesichtspunkten berücksichtigt werden, die unter Umständen Einfluß auf das ästhetische Erscheinungsbild der Anlage haben können.

a) Entleerung
Jedes Sammelbecken muß vollkommen entleert werden können. Aus diesem Grunde sollte es mit Gefälle auf einen Abfluß hin gebaut werden, der sich von außen bedienen läßt und über den das Becken mühelos zum Reinigen oder Stilllegen in den Kanal entleert werden kann.

b) Siebe
Da Einlaufstutzen in der Regel auch die Wasserhöhe eines Beckens bestimmen und das Oberflächenwasser absaugen, müssen sie besonders gegen Verschmutzung und Verstopfung durch aufprallende Zigarettenfilter, Pappbecher und Pappteller, Zeitungen, Fritten und Obstreste gesichert sein. Ein Sieb in der Größe des Einlaufquerschnittes reicht da nicht aus. Damit immer eine ausreichende Menge Wasser umläuft und durch Verstopfung des Einlaufes nicht die Anlage aus- oder die automatische Nachspeisung einschaltet und dadurch eine Überschwemmung der ganzen Anlage und einen enormen Wasserverbrauch verursacht, müssen Siebe mit großen Oberflächen den Einlauf schützen. Diese können als Kugeln oder Kästen über dem Einlauf sitzen. Bisweilen bewährt sich auch ein Siebsystem, das nacheinander immer kleinere Schmutzanteile zurückhält. So ist es oft auch sinnvoller, die Nachspeisung bei Wasserverlust durch Handbetrieb vorzunehmen.

c) Wassermangelsicherung
Eine Wassermangelsicherung sorgt dafür, daß die Pumpe nicht trocken läuft. Sie kann als Schwimmer oder Elektrode ausgebildet sein und versteckt im Beckenrand und durch ein eigenes Sieb gesichert angebracht werden.

d) Pumpenschacht
Pumpenschächte sollten so groß gebaut werden, daß neben der Aufstellung der technischen Anlage auch eine bequeme Wartung und Reparatur möglich ist. Ihr Boden muß ebenfalls mit Gefälle auf einen Sickerschacht zulaufen, der entweder über ein Rückschlagventil mit dem Kanal in Verbindung steht oder über eine kleine Schmutzwasserpumpe entleert werden kann.

Wichtig ist außerdem, daß der Pumpenschacht gut belüftet wird. Es sind Zu- und Abluftöffnungen vorzusehen. In schwierigen Situationen kann mit Hilfe eines Ventilators für eine bessere Belüftung des Brunnenschachtes gesorgt werden.

Über die Belüftungsöffnungen darf kein Oberflächenwasser in die Brunnenkammer gelangen. Ebenso muß die Einstiegsöffnung wasserdicht verschließbar sein.

e) Elektrische Installation
Sicherung, Steuerung, Antrieb und Beleuchtung erfolgen durch die elektrische Installation. In der Regel übernimmt ein zentraler, wasserdichter Elektroverteilerkasten diese Aufgabe. Hier sind auch Fehlerstromschutzschaltungen, Sicherungen, Schaltuhr und eine zusätzliche Steckdose für Wartungs- und Reparaturarbeiten angeordnet.

Wenn abzusehen ist, daß die Wasseranlage auch bespielt werden könnte, dann sollte die Unterwasserbeleuchtung nur mit Niedervoltspannung (42 Volt) betrieben werden.

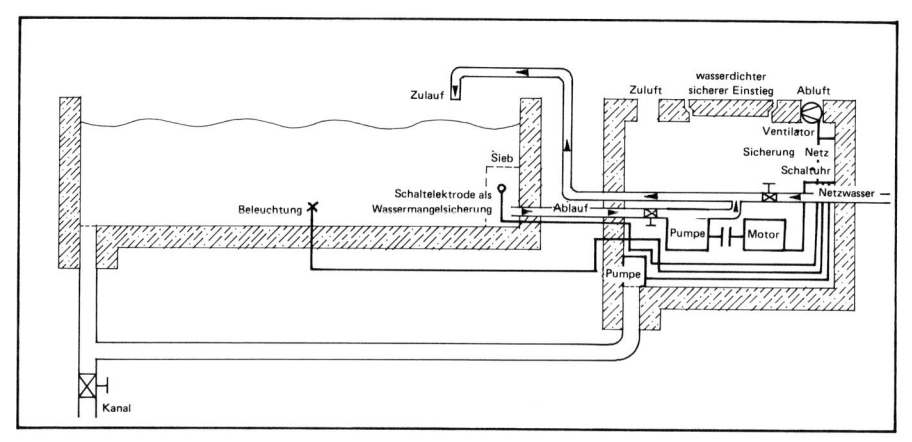

1   Anlage mit Pumpe in Trockenstellung

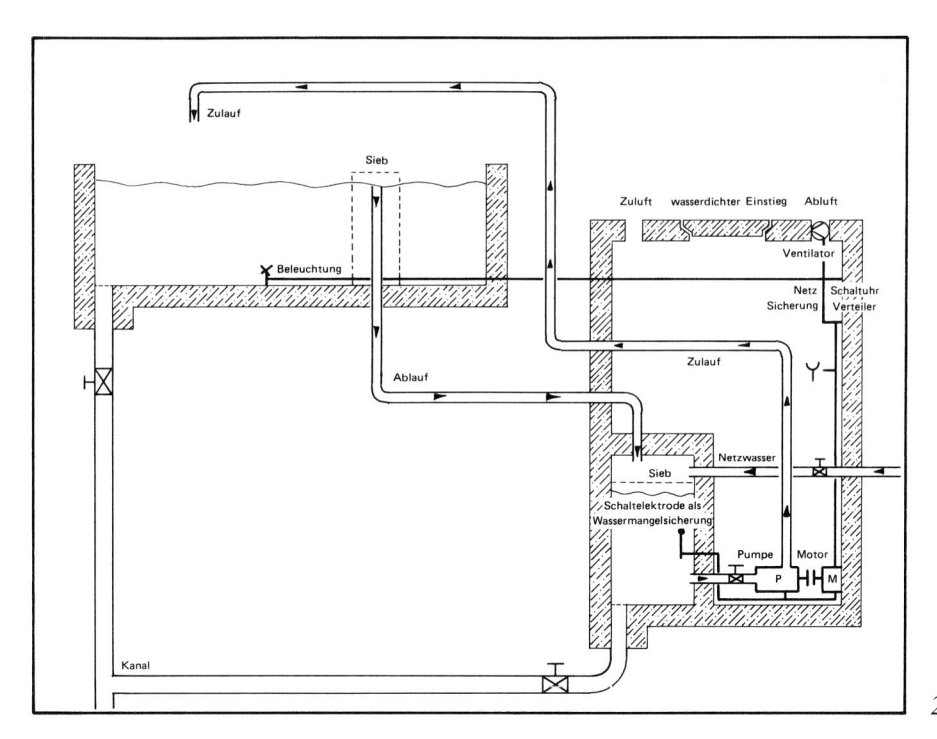

2   Anlage mit Pumpenkammer

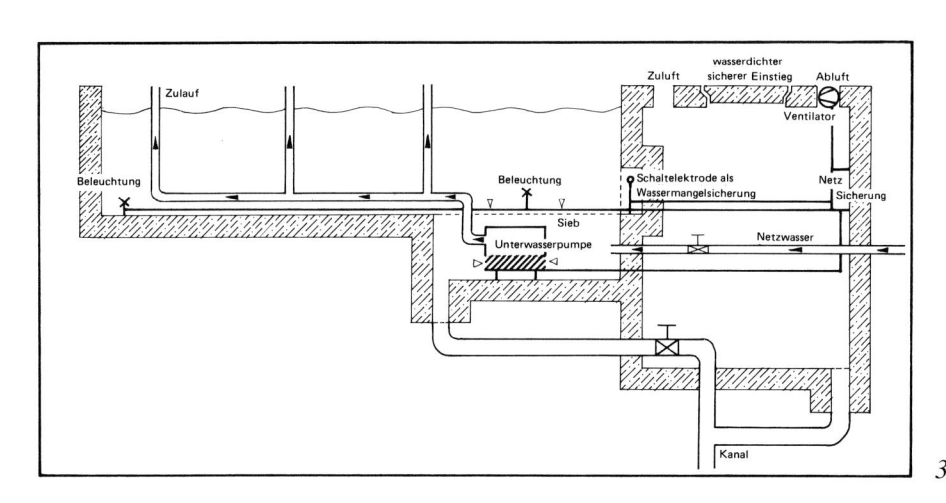

3   Anlage mit Tauchpumpe

133

Systeme von Umwälzanlagen

Man unterscheidet für den Umwälzbetrieb drei verschiedene Systeme, die je nach Anforderung eingesetzt werden können. Sie sind in den Abbildungen 1 bis 3 schematisch dargestellt.

a) Anlage mit Pumpe in Trockenstellung (Abb. 1)
Bei der Anlage mit Pumpe in Trockenstellung wird über ein geschlossenes Rohrsystem Wasser direkt aus dem unteren Sammelbecken abgesaugt und in den Einlauf gepumpt. Diese Anordnung empfiehlt sich, wenn die Pumpe z. B. im Keller eines Gebäudes untergebracht werden kann. Längere Entfernungen können hierbei in Kauf genommen werden. Die Schaltelektrode als Wassermangelsicherung ist im oberirdischen Sammelbecken angeordnet. Gegenüber den offenen Systemen hat diese Anlage den Nachteil, daß sie aufwendiger zu warten ist. Die Pumpe muß im Rohrsystem zusätzlich durch Filter geschützt werden, die leicht verstopfen. Zur Reinigung muß jedesmal der Kreislauf unterbrochen und jeder Filter entfernt und gereinigt werden.

b) Anlage mit Pumpenkammer (Abb. 2)
In der Anlage mit Pumpenkammer wird das überlaufende Wasser in einem unterirdischen Reservoir gesammelt. Dieses ist zusätzlich mit Sieben gegen Verschmutzung gesichert. Von hier saugt die Pumpe das Wasser an und drückt es nach oben in den Einlauf. Die Schaltelektrode zur Sicherung bei Niedrigwasser sitzt ebenfalls in dem unterirdischen Behälter. Dieses System läßt sich besonders leicht warten, setzt aber eine geräumige Brunnenkammer voraus.

c) Anlage mit Tauchpumpe (Abb. 3)
Ist kein Platz vorhanden oder fehlt die ausreichende Tiefe für eine größere Pumpenkammer, dann kann auch die Anlage von Tauchpumpen vorgesehen werden. Hierbei steht die Pumpe selbst im Sammelbecken. Am besten sieht man für sie eine ausreichend große Vertiefung im Boden vor, die durch ein Gitter abgedeckt ist, das auch als erstes grobes Sieb fungiert und z. B. Laub, Zeitungen und Pappbecher abhält. Die Pumpe muß mit Abstand vom Boden aufgebockt installiert werden, damit sie vom Grund keine Schmutzabsonderungen ansaugt. Auch hier ist der Schwimmer oder die Elektrode zur Wassermangelsicherung im Becken selbst angeordnet. Tauchpumpen sollten in Zukunft möglichst mit Niederspannung arbeiten, weil es immer wieder passieren kann, daß Kinder in den Anlagen spielen. Auf dem Markt werden zunehmend Pumpen mit diesen niedrigen Spannungen angeboten. Bei ihrer Installation sind die Vorschriften für Schwimmbäder zu beachten. Weitere Hinweise lassen sich den zeichnerischen Darstellungen entnehmen.

Windeinflüsse, Spritzwasser

Oft kann die gewünschte Leistung einer Anlage durch äußere Einflüsse nicht voll zum Einsatz kommen. Insbesondere Wind treibt spritzendes Wasser oft weit über den Rand der Anlage hinaus, durchnäßt ständig die angrenzende Umgebung, besprüht unter Umständen Schaufensterscheiben und kann auf Verkehrsflächen verheerende Folgen haben. Meist liegt die Ursache in der Unterschätzung der Spritzweite von aufprallendem Wasser. Der schützende Rand sollte hiervon mindestens so weit entfernt sein wie die Fallhöhe des Wassers. Er schützt jedoch dann noch nicht gegen Spritzer, die durch den Aufprall auf schräge Flächen hervorgerufen werden. Diese können in ihrer Weite das Dreifache der Fallhöhe zurücklegen. Anlagen mit höheren Fontänen sollten daher mit Windmessern ausgestattet sein, die automatisch den Zufluß und damit die Fallhöhe drosseln, wenn zuviel Wind aufkommt (S. 52).

Thermalwasser

Wird eine Anlage mit Thermalwasser gespeist, so müssen alle Ventile besonders korrosionsfest sein. Für die Beckenausbildung empfiehlt sich ein V4A-Stahl. Von dem Zeitpunkt an, da Sauerstoff stärker mit dem Thermalwasser in Berührung kommt, muß im Leitungssystem unter Umständen mit besonderen Problemen gerechnet werden. Es können sich z. B. Ablagerungen bilden, die zu einer erheblichen Verengung der Abflußleitungen führen. Es ist daher wichtig, beim Betrieb mit Thermalwasser die Abflußleitungen von Sammelbecken zum Kanal so anzuordnen, daß sie sich leicht von Zeit zu Zeit auswechseln lassen. Als Material hat sich bei notwendigen Nennweiten von mindestens 100 mm PVC bewährt und bei höheren Temperaturen bis 130°C Fibercast.

Pflege und Wartung

Brunnenanlagen müssen regelmäßig ca. alle vier Wochen gesäubert werden. Neben der Beseitigung von Abfällen, der Reinigung von Sieben und Filtern müssen durch Bürsten vor allem die Algen entfernt werden. Bei warmer Witterung und geringen Wassertiefen muß diese Reinigung unter Umständen in kürzeren Abständen erfolgen.
Manche Städte mit einer größeren Anzahl von zu betreuenden Wasserobjekten haben für die Reinigung und Wartung ihrer Anlagen Dienstanweisungen erarbeitet, die für den Planer bereits nähere Aufschlüsse über die örtlichen Probleme geben können.

Register (Orte, Planer, Aspekte)

Aachen, Adalbertstraße 46, 111
Aacen, Am alten Kurhaus 51
Aachen, Büchel 81
Aachen, Burtscheider Markt 20
Aachen, Elsaßplatz 93
Aachen, Eupener Straße 19
Aachen, Europaplatz 126
Aachen, Kleiner Münsterplatz 28
Aachen, Krämerstraß 59
Aachen, Reiffmuseum 102, 103
Aachen, Theaterstraße 50
Aachen, Ursulinerstraße 79
Ahrweiler, Niederhutstraße 33, 35
Anlage mit Frischwasser 132
Anregungspotential 13
Aquamobile 27, 43, 95,

Bad Bergzabern, Kreissparkasse 80
Bad Godesberg, Fußgängerzone Theaterplatz 69
Bad Pyrmont, Brunnenstraße 48
Bäche 30–49, 129
Bächle 30–32
Basel, Stadttheater 63
Bedeutung des Wassers für den Städter 8
Beleuchtung 132
Bergs, Karl-Heinz 98–101
Berlin 21
Berlin, Ernst-Reuter-Platz 127
Birkigt, Hermann 49
Böhm, Büro 129
Bonn, Vivatsgasse/Bottlerplatz 36
Bonn, Stadtplanungsamt 36
Borries, Kurt-Wolf von 64, 104
Braun, Schlockermann und Partner 98–101
Burgeff, Hans-Karl 69

Calella, Calle iglesia 108
Cimiotto, Emil 75
Cortina, I. 108
Corr, Mathias J. 19

Darstellungsmethode 15
Dehof 78
Düsseldorf, Martin-Luther-Platz 71
Düsseldorf, Rheinstadion 123
Düsseldorf, Sparkasse 122

Einflußbereich des Wassers 13
Eingangssituation 6, 54, 55, 65, 122, 123
Einkaufsbereiche 110, 111, 108
Elektrische Anlagen 132
Entleerung 132

Eschweiler, Stadtzentrum 40
Eschweiler, Rathausplatz 54

Fotografische Darstellung 15
Frankfurt-Schwanheim 89
Frankfurt, Verwaltungsgebäude Deutscher Sportbund DSB 97
Freiburg i. Br., Stadtzentrum 31
Frischwasser 71, 17–29, 73, 78, 132
Fußgängerzone 25, 27, 29, 31, 33, 34, 36, 39, 46, 48, 49, 50, 53, 59, 68, 69, 73, 113

Gast, Franz, 82
Gernsbach, Rathausplatz 22
Gestaltungselement Wasser 11
Grünanlagen 26, 47, 57, 70, 89, 97, 107, 121, 128, 129, 131
Gruner, Gottfried, 27, 43, 95, 97
Gutmann Franz, 31

Haag, Dorle und Holger 48
Hallermann 54
Hamburg, Planten un Blomen 97
Hameln, Marktplatz 94
Hameln, Rathausplatz 84
Handpumpe 21
Hannover, Fußgängerzone Passerelle 39, 75
Hannover, Raschplatz 53
Heerlen, Promenade 113
Heidelberg, Karlsplatz 85
Heidelberg, Marstallhof 70
Heiber, Heinz, 17
Heim, Inge, 47
Heising, Diether; Schwertfeger, Stephan 39
Herich 68
Herten, Kranzplatte 74
Herten, Schwimmbad 66
Herzogenrath, Rathausplatz 55
Heydock, E. 20
Hillderhoff, Hagen 122
Hillebrand, Elmar, 102
Historisches Umfeld 29
Holztrog 19

Indikatoren naturgesetzlicher Zusammenhänge 13
Innenhöfe 11, 99–111,
Innenräume 11

Jäckel, Josef, 68
Jendritzko, Guido, 123

Kaiser, Wolfgang, 94
Kalmbacher, Josef, 22
Karlsruhe, Schloßgarten 128

Kerrade 67
Kinder 17, 23, 29, 59, 74, 87, 89–97
Köln, Am Aachener Weiher 107
Köln, Domplatz 37
Köln, Ebertplatz 52
Köln, Kartäuserkloster 104
Köln, Schildergasse 68
Krefeld, Girmesgath 95
Kunstobjekte 11, 59–87

Landvogt, Rita, 20
Leverkuse, Rathausplatz 43
Leser von Fachbüchern 15
Linz am Rhein 47
Lörrach, Sonderschule 23
Luftfeuchtigkeit 104, 103, 105
Luz, Hans und Partner 26, 56

Maastrich, Vrijthof 82
Mataré, Ewald 37
Mainz, Kultusministerium 77
Mainz, Rathausplatz 25
Mainz, Schillerplatz 83
Mannheim 78
Mannheim, ÖTV-Gebäude 65
Meyer, E. 70
Mönchengladbach, Fußgängerzone 49
Mönchengladbach, Marktplatz 68
Mönchengladbach, Planungsamt 49
München, Frauenplatz 119
München, Karlsplatz-Rondell (Stachus) 125
München, Theatinerhof 105

Natürliche Gestaltungselemente 7, 8, 109, 108
Neukom, Willi 131
Neustadt a. W., Kartoffelmarkt 73
Neustadt a. W., Marstallplatz 87
Nürnberg-Deutenbach 17
Nuss, Karl-Ulrich 84

Oldenburg, Herbartgang 109

Paderborn, Die Pader 129
Pflege 134
Platzgestaltung 17, 20, 22, 24, 29, 31, 37, 42, 52, 55, 69, 71, 73, 77, 81, 83–85, 87, 93, 94, 109, 114, 125,
Pumpen 132
Pumpenschacht 132

Regensburg, Universität 121
Regensburg, Donau-Einkaufszentrum 110
Reimann, Udo 109
Reize aus der Umwelt 9
Rinnen 30–49

Rumpf, Gernot 65, 73, 77, 80, 87
Rücker, Hans 105

Säulen 66, 67, 74, 68, 100, 108, 110
Saumzone 14
Scheurer, Rudolf 23
Schoenholtz, Michael 85
Schlockermann (s. Braun, Schlockermann und Partner)
Schulhof 23, 95
Schwertfeger, Stephan; Heising, Diether 39
Seemann, Henning 79
Siebe 132
Sous, Albert 46
Spielobjekte 11, 89–97
Spreng, Blasius 83
Spritzwasser 134
Stadtbild 7
Stadtgestalt 7
Steinbach, Kohl, Kramer, 103
Straßenraum 20, 21, 31, 51, 78, 79
Stirnberg, Bonifazius 29, 59, 111
Stuttgart 50
Stuttgart, Schwanenplatz 26, 57
Stuttgart, Untere Königstraße 27

Tarragona 41
Tarragona, Fußgängerzone um Roger de Lauria 24
Tauchpumpe 134
Technik 132
Thermalwasser 19, 20, 134
Tinguely, Jean 63
Triebe, Richard 110
Trinkbrunnen 17–29, 11, 69
Trinkwasser 17–29, 87, 132
Tobolla, Heinz 51, 55

Uhl, Reiner 89–91
Umwälzanlagen 132–134
Unterhaching, Ortsmittelpunkt 38

Veränderung 14, 20, 21, 27, 42, 46, 56, 59, 63, 76, 78, 80, 87, 89, 93, 94, 96, 104, 105, 111
Verhaltensform 9
Verkehrsbereich 32, 57, 126, 127,
Verkehrsberuhigung 32

Wahrnehmung 7, 8, 13, 31, 126, 127
Wahrnehmungsentfernung 14
Wahrnehmungsfülle 14
Wartung 134
Wasseranlagen 113–134
Wasserfläche 63, 107, 113, 128, 129
Wassermangelsicherung 132
Wasserobjekte 11, 43–58
Werth, Benno, 93

Werthmann, Friedrich, 71
Wien, W. 66, 74
Windeinflüsse 134
Wiesbaden, Kochbrunnenplatz 20
Winkler, Bernhard 119, 125
Wolf, Joachim 53

Zapfstellen 11, 17–29, 132,
Zielgruppen 15, 89
Zürich 25, 131

Photonachweis

Berck, Carmen, Herzogenrath
22–24, 37, 40, 41, 47, 54, 55, 66, 74, 82, 95, 108.

Boeminghaus, Dieter, Aachen
16–21, 25–27, 30–32, 38, 39, 48, 50, 52, 53, 56, 57, 64, 65, 70, 72, 73, 75, 83, 84, 85, 94, 96, 97, 104, 120, 121, 127–131.

Engel, Jörg, Aachen
2, 20 u, 28, 29, 33–36, 42–46, 49, 50 u, 51, 58–61, 67–69, 71, 78, 79, 81, 88–93, 98–103, 106, 107, 109, 111–117, 122, 123, 126.

Förster, Manfred, Geilenkirchen
62, 63

Henke, Harry, München
105, 118, 119, 124, 125.

Rumpf, Gernot, Neustadt a. W.
76, 77, 80, 86, 87.

Spita, Wilkin, Zeitlarn
110

Quellenhinweise

architektur wettbewerbe (aw 95) Fußgängerbereiche, Freiräume, Stuttgart 1978

Bistritzki, Otto Josef   Brunnen in München 1974

Boeminghaus, Dieter   Fußgängerzonen, Gestaltungselemente öffentlicher Bereiche, Stuttgart 1978

– Stadtbesichtigungen   Aus der Reihe: Ideen für die Umwelt von morgen (Nr. 19), Stuttgart 1976

Campbell, Craig S.   Water in Landscape Architecture, New York 1978

Heiber, Heinz   Werkberichte, München 1977

Hoffmann, Gretl   Brunnen und Wasserspiele, Stuttgart 1980

Mehr Platz für Kinder   Entscheidungshilfen und Kriterien für eine kindgerecht gestaltete Umwelt, Regensburg 1979

Peters,   Paulhans   Fußgängerstadt, München 1977